AF462481

RECHERCHES

SUR LES

MOYENS DE SUPPRIMER

LES

IMPOTS,

PRECEDÉES DE L'EXAMEN,

DE LA

NOUVELLE SCIENCE.

Par M. BEARDÉ DE L'ABBAYE.

A AMSTERDAM,

Chez MARC MICHEL REY,

MDCCLXX.

A

SA MAJESTÉ IMPÉRIALE

CATHERINE II.

IMPÉRATRICE & AUTOCRATRICE DE TOUTES LES RUSSIES.

MADAME,

C'est à VOTRE MAJESTÉ, *comme à une tendre mere de ses sujets, que je viens proposer des moyens de les soulager tous. J'éprouverais la satisfaction la plus flatteuse, si* VOTRE MAJESTÉ *agréait quelques-unes des idées, que je lui offre: j'ai cru ne pouvoir mieux me conformer à cette bienfaisance, dont vos peuples ressentent les effets chaque jour, qu'en tâchant de concourir à leur bonheur, en suggérant à* VOTRE MAJESTÉ *des occasions de répandre de nouvelles graces.*

Quoique toutes les actions de VOTRE MAJESTÉ *soient autant de merveilleux exemples pour le Prince heureux qui vous doit le jour, quoique tous vos momens ne semblent occupés qu'à lui former un modele de l'éducation la plus sublime, il manquoit encore à votre regne une gloire nouvelle:* VOTRE MAJESTÉ *admirée dans le sein de la paix, n'avait point eu d'occasion d'être aussi grande dans la guerre; & il est si difficile d'en avoir une juste! mais le Destin prend soin d'arranger les évènemens: vos ennemis sont les aggresseurs, vos ennemis le sont injustement, vos ennemis enfin sont ceux de toute la chrétienté; les chemins de la gloire n'ont plus de barrieres, & les Philosophes eux-mêmes peuvent sans remord célébrer les triomphes de vos armes, & en desirer de nouveaux encore. Je joins aussi mon admiration pour vous à celle de tout l'univers, étant avec le respect le plus profond*

MADAME

DE VOTRE MAJESTÉ IMPÉRIALE

Le très-humble & très-obéissant serviteur

BEARDÉ DE L'ABBAYE.

PRÉFACE.

DEPUIS quelques années il parait un nouveau Siſtême de Légiſlation, auquel on a donné le nom pompeux de Science nouvelle. Ce Siſtême, imaginé pour le bien des nations par des perſonnes intelligentes, dont la bonne intention eſt reconnue, a trouvé beaucoup de partiſans, & par malheur il a fait grand nombre d'entouſiaſtes. Comme l'excès eſt toujours condamnable, même dans les bonnes choſes, celui, où l'on a pouſſé cette Science nouvelle, n'eſt pas pardonnable. Les Philoſophes s'étudient à ſe tenir dans des juſtes bornes, mais ici le bien public a entraîné des ames honnêtes au delà de ce juſte milieu, qui doit caractériſer les projets des ſages : l'envie d'être utile aux hommes eſt le motif le plus louable, ou plutot c'eſt un de nos principaux devoirs ; l'on peut aiſément s'égarer dans une route ſi peu fréquentée, on ſe laiſſe emporter par un zele exceſſif, que rien ne retient, lorsqu'il s'agit du bonheur de tous.

IL ne ſuffit pas toujours de vouloir faire le bien, pour y réuſſir, il faut encore y employer les meilleurs moyens. Mais quel eſt l'homme, qui les connait, qui ſait tout combiner, qui peut tout prévoir? Comme les lumieres de la raiſon doivent leur plus grande clarté à l'expérience, il arrive ſouvent que la plus belle théorie en impoſe: les projets d'imagination les mieux conſtruits, échouent tous les jours. Il eſt donc très imprudent de ſoutenir avec opiniatreté tout ſiſtême, dont l'aplication n'a pas encore démontré la ſolidité. La ſociété renferme tant d'obligations, elle eſt le réſultat de tant d'intérêts différens, les circonſtances où ſe trouvent ſes membres ont tant de divers rapports, cette multitude de combinaiſons doit être enviſagée ſous tant de faces, & enfin toutes ces différences même varient ſi ſouvent, qu'il eſt impoſſible de propoſer une opération unique, qui puiſſe remplir tous les objets & ſuffire à la diverſité de tant de beſoins. Cependant la Science nouvelle promet tout cela & bien plus encore. La célébrité des auteurs, qui ont embraſſé cette opinion, exige qu'on la discute avec beaucoup d'attention.

Parmi tous les ouvrages, qui ont paru pour ſoutenir & étendre ce Syſtême, celui de M. Mercier de la Riviere mérite la premiere conſidération: pour ne pas parcourir tous les livres, qui traitent cette matiere, nous ne nous attacherons qu'à celui-ci, qui contient tous les principes &

dont l'auteur eſt regardé comme l'apôtre de cette nouvelle Science; le grand nombre de partiſans & ſurtout la grande réputation de la plupart d'entre eux préviendraient en ſa faveur, ſi les Philoſophes étaient ſujets à la prévention; mais comme il s'agit de l'avantage de la Société, nous ne devons voir dans tout Syſtême, que le bien, qui en doit réſulter, ſans aucun préjugé d'autorité.

Après avoir longtems combattu une répugnance extreme pour toute eſpece de critique, j'ai cédé à l'envie d'être utile aux hommes. Perſuadé d'ailleurs que M. Mercier lui-même & tous ceux qui ſont de ſon ſentiment, n'ont que la vérité pour objet, je ne crois pas qu'ils me ſachent mauvais gré, ſi, pour parvenir au même but, je prends une autre route. Mais les amis des hommes aprouvent la Science nouvelle! un ſuffrage auſſi reſpectable aurait dû m'impoſer ſilence; non, puisqu'ils aiment les hommes, ils ne veulent pas les tromper. Les Philoſophes doivent conſacrer leur vie à l'utilité générale, aux dépens de leur amour propre, & comme ils ne s'enviſagent point eux mêmes dans leurs recherches, ils ſont autant ſatisfaits des découvertes d'autrui, que des leurs: c'eſt pour cela qu'il n'y a que les Philoſophes ſeuls, capables de convenir de leurs erreurs & qui ſoient charmés qu'on les releve.

Tous ceux qui s'occupent du bonheur de leurs ſemblables, s'empreſſent à rendre publiques les bonnes idées, dont ils esperent un heureux ſuccès : ce n'eſt que chez les tirans les plus despotiques, où il eſt défendu de penſer ; c'eſt chez eux, où la ſociété peut être regardée, comme un troupeau, que le berger tond ou égorge à ſa volonté ; la barbarie n'a plus un pareil empire parmi nous : il eſt permis aux ſujets de repréſenter de nouveaux avantages à leur Souverain, & leurs Souverains écoutent la juſtice & la vérité ; c'eſt ainſi qu'ils concourent de concert à leur interêt commun, c'eſt ainſi que chaque individu ſe livre au doux plaiſir de devenir utile au genre humain, qu'il regarde comme ſa famille, & c'eſt ainſi que j'oſe mêler mes réflexions à celles des autres Philoſophes bienfaiteurs de la ſociété.

Avant de propoſer quelques moyens de ſuprimer les impôts, de les changer & de les adoucir, je parcourrai les principes de la Science nouvelle, qui veut établir un impôt unique ; c'eſt en aprofondiſſant ce Siſtême, que je développerai les raiſons, ſur lesquelles je me fonde, & l'examen de cet ouvrage ſervira de préliminaire au mien. Ce livre de M. Mercier de la Riviere a pour titre : *les Loix naturelles & eſſentielles des Sociétés Politiques.* La logique que l'auteur emploie, me parait peu concluante, tandis que ſon ton eſt déciſif; j'ai crû devoir garantir mes ſemblables de l'impreſſion, que pourrait faire ſur eux l'autorité & les ſuffrages de ceux, que ce livre a ſéduits; j'ai cru devoir, par les mêmes motifs, qui animent M. Mercier pour le bien public, aprofondir une législation ſur laquelle il eſt ſi dangereux de ſe tromper; j'ai cru voir que les principes de tout ſon Siſtême, étaient problématiques, incertains & le plus ſouvent démentis par l'expérience; j'ai cru voir que, lorsque de quelques vérités l'on pouvait tirer diverſes conſéquences, M. Mercier ne préſentait que celles, qui pouvaient s'accorder à ſes vues; j'ai cru voir enfin qu'il ſe trompait, voilà comment je me ſuis cru obligé d'analiſer cet ouvrage.

J'AURAIS peut-être dû me contenter de donner mes idées au public, ſans toucher à celles d'autrui; mais, comme ce que j'ai à propoſer eſt diamétralement contraire à la Science nouvelle & à l'impôt unique, je n'ai pû le propoſer, ſans le mettre en opposition au Systême de M. Mercier. Il me parait qu'en donnant au lecteur une question débattue, avec l'opposition des argumens, qui tendent à s'affaiblir, ou se détruire mutuellement, c'etait le mettre beaucoup mieux en état de juger. C'est de ce choc, que résultent toujours des étincelles de lumiere, qui dissipent les ténebres; tandis qu'un systême isolé, soutenu des prestiges de l'éloquence, peut aisément séduire.

J'AI cru ne pouvoir mieux faire la critique de cet ouvrâge, qu'en prenant un ton opposé à celui, qui y regne: tout y est annoncé avec amphase: c'est toujours le plus grand bonheur possible, les plus grandes richesses possibles, la plus grande puissance possible; les conséquences y sont outrées, tout y est poussé à l'excès. Cette exagération continuelle franchit toutes les bornes, je ne dis pas seulement de la réalité, mais celles de la vraissemblance. Sachant que la vérité n'exige point d'appareil, je me contente de la montrer, lorsque je crois l'avoir découverte; s'il y a quelque affectation de ma part, elle est dans la simplicité du stile, que j'augmente même autant qu'il m'est possible, à mesure que la chose est plus évidente: je la dis alors en peu de mots, laissant à la vérité le soin de la conviction; elle l'emporte toujours ſans aucun ſecours étranger: ainſi ce n'eſt pas moi, qui veux perſuader, c'eſt à l'évidence à le faire. Peu empreſſé de plaire, ne cherchant qu'à être utile, je dois cependant prévenir ici, que la nature de la critique entraîne, presque malgré ſoi, dans certains écarts, pour lesquels on doit avoir quelque indulgence: par exemple, lorsque d'un principe général, on a tiré une conſéquence particuliere & excluſive, tout critique ſe croit en droit à ſon tour, de tirer une conſéquence oppoſée, dès que le principe l'admet naturellement; mais il ne s'enſuit pas, que cette conſéquence miſe en contradiction avec l'autre, doive être ſeule véritable excluſivement; elle n'eſt là que pour affaiblir la précedente & tenir les esprits en ſuspens & dans un doute ſalutaire pour toutes les deux; c'eſt ainſi qu'on ſe croit permis de mettre toujours une propoſition en oppoſition à une autre, un terme à un autre terme, dès que l'incertitude, ou l'apparence eſt égale de part & d'autre, l'on diſtinguera aiſément ce que je n'ai dit que dans ce ſens, d'avec ce que j'ai avancé poſitivement. Il y a tant de différence entre ſoutenir des principes & combattre un Syſtême, que je ne ſoupçonne aucun lecteur de pouvoir s'y méprendre.

EXAMEN
DE LA
SCIENCE NOUVELLE.

PREMIERE PARTIE.

I. NOUS allons examiner le livre de M. Mercier de la Riviere, qui a pour titre : *l'Ordre naturel & essentiel des Sociétés Politiques.* Nous rendrons justice aux bonnes choses, qu'il contient, sans nous laisser entraîner aux paradoxes, qu'il avance. Sans trop nous occuper de la distribution de l'ouvrage, nous ne laisserons pas d'en dire deux mots : la surface des objets est presque toujours ce qui décide les hommes, & quoiqu'elle ne soit pas l'objet elle même, elle aide beaucoup à le faire connaître. Nous allons commencer le livre, & le suivre jusqu'à la fin, sans renvoyer sans cesse le lecteur de page en page ; les Articles essentiels sont les seuls que nous discuterons, & nous les prendrons toujours dans l'ordre, qu'ils ont dans l'ouvrage.

L'ORDRE *naturel & essentiel des Sociétés* Po-

litiques. Voilà le titre. Il eſt très difficile de deviner, s'il annonce l'ordre, que les Sociétés Politiques ont eu eſſentiellement jusqu'ici, ou celui qu'elles devraient avoir. L'on ne ſait point ſi M. Mercier va faire le tableau & raconter l'Hiſtoire de l'ordre des Sociétés actuellement exiſtantes, ou s'il préſente une meilleure méthode, une réforme, un ordre nouveau, ſous lequel les Sociétés politiques doivent être formées; en un mot ce titre laiſſe dans l'incertitude, ſi l'auteur a voulu nous donner des préceptes pour une légiſlation inconnue & nouvelle, ou bien analiſer les principes ſecrets de la conſtitution des Etats, tels qu'ils ſont aujourd'hui.

IL n'a pas eu deſſein d'aprofondir la premiere des conſtitutions, ni de rechercher l'antiquité du contrat ſocial, ni de découvrir le vrai principe des Sociétés Politiques anciennes & modernes, il n'a pas voulu décrire un ordre naturel & eſſentiel déjà connu; l'erreur ſerait trop groſſiere pour qu'on dût l'en ſoupçonner: Si quelque habitant d'un nouveau monde, venait dans celui ci, pour y trouver une Société, telle que M. Mercier aſſure qu'elles doivent être néceſſairement & eſſentiellement, l'étranger ne pourrait rencontrer, autre part que dans ce livre, cet ordre, qui doit cependant exiſter de toute néceſſité. Cette néceſſité indiſpenſable pourrait être comparée aux Sophismes d'un médecin, qui aſſurerait, qu'il eſt impoſſible qu'un homme ait deux yeux, parceque alors il verrait deux objets, quand il n'y en auraît qu'un, & qu'il ſerait ainſi expoſé à des erreurs continuelles, ce qui eſt contraire au but de la nature. Que peuvent de pareils raiſonnemens contre la réalité & l'évidence? Cette obſervation n'eſt pas auſſi étrangere à cet ouvrage, qu'elle le pourrait paraitre à ceux qui ne l'ont pas lu, comme nous le verrons dans la ſuite.

Lorsque on a parcouru le livre, le titre pourlors n'eſt plus un problême, j'en conviens; mais l'on découvre déja par là quel eſt l'eſprit, qui a dicté ce ſyſtême. Dans mille endroits, on lit: telle choſe doit être ainſi néceſſairement, il eſt impoſſible que telle choſe ſoit autrement..... Ce ſont à chaque page des déciſions ſemblables, contredites par l'expérience la plus ordinaire. M. Dupont, qui a merveilleuſement analiſé cet ouvrage, a ſenti la ridiculité de ces prétentions gigantesques, & en ſoutenant le ſyſtême de ſon auteur, il a ſçu ſagement modifier ſes expreſſions & en adoucir le ton; mais toujours plein du même objet il a pouſſé ſes idées trop loin. Nous les examinerons après.

Si M. Mercier a eu intention de donner un projet nouveau, nous verrons bientôt quel ſentiment l'on en doit avoir : il poſe pour axiomes des ſyſtêmes conteſtés, il donne pour principes certains ce qui eſt en queſtion, il tire des conſéquences néceſſaires et abſolues de quelques propoſitions problématiques, il atteſte des faits comme indiſpenſables & exiſtans de toute néceſſité, qui cependant n'exiſtent nulle part ; il abat & détruit dans certains chapitres, ce qu'il a élevé à grands frais dans d'autres & toujours de toutes ſes hypoheſes, il déduit des conluſions poſitives & abſolues. Son ton eſt par tout déciſif, partout ſes expreſſions ſont des arrets ſans que ſa logique ſoit convaincante. Quoique l'eſprit humain ſoit naturellement porté à s'oppoſer à cette eſpece de tyrannie, à ce deſpotiſme, avec lequel la raiſon d'un ſeul homme prétend ſubjuguer celle de tous les autres, à cette autorité, qui veut ſoumettre ſans replique, quoique le caractere le plus doux reſſente avec émotion l'injuſtice d'un joug, que l'ame d'un autre veut impoſer à la ſienne, quoiqu'enfin perſonne ne puiſſe ſupporter dans ſon ſemblable, le ton qu'emploierait la divinité, ſi elle voulait nous découvrir quelques vérités, nous gliſſerons légérement ſur la forme, pour ne nous attacher qu'au fond.

L'On voit d'abord par tout cela que le titre du livre laiſſe en ſuspens, ſi M. Mercier eſt ſimplement hiſtorien, ou s'il veut être légiſlateur; il y a même beaucoup plus de raiſons en faveur du premier; mais l'on verra dans la ſuite, que pour être d'accord avec cet auteur, il faudrait réformer la logique & compoſer des nouveaux dictionnaires.

II. Le diſcours préliminaire annonce les promeſſes les plus étendues, & les plus éclatantes, qui aient jamais été faites au genre humain. Quelle conſidération, quelle reconnaiſſance ne mériteraient-elles pas des hommes, ſi la quatrieme partie pouvait en être accomplie! Sans doute, l'on en doit beaucoup à l'auteur pour ſa bonne intention, & on lui en devrait bien plus encore, s'il n'avait pas perdu de vue, que les ſyſtêmes & les projets humains doivent avoir des bornes.

III. Il aſſure *aux Rois le meilleur état poſſible, il donne des moyens, par lesquels l'autorité des Rois peut s'élever au plus haut dégré poſſible.* Il parait néanmoins tout naturellement, que dans les circonſtances, où l'interêt des ſujets ſera différent de celui du ſouverain, pour faire le bonheur de celui-ci, il faudra néceſſairement faire le malheur de tous les autres : ce qui eſt préciſément le cas de l'impôt & l'objet du ſyſtême. D'ailleurs l'autorité du maitre, portée au plus haut dégré poſſible, expoſe l'Etat aux caprices d'un ſeul; mais il arrange ce deſpotiſme d'une façon ſinguliere & inconnue juſqu'ici.

L'On peut ſoupçonner par l'enſemble de cet ouvrage, que M. Mercier n'a eu en vue que les monarchies: l'obſervation de ſes principes ne parait indiquer que la conſtitution de cinq ou ſix Etats: La ſuite reſtraint encore ce nombre & l'on peut conjecturer par ſes détails, que ce n'eſt peut être que la France ſeule qu'il a eue pour objet & la Chine pour modele, du moins en grande partie.

IV. Il veut prouver *que l'homme eſt deſtiné par la nature à vivre en Société.* Cette vérité, dont l'exiſtence prouve la néceſſité, eſt là ſurabondamment diſcutée: Je veux dire que les preuves, qu'il en apporte, ſont faibles & inutiles: Elles ſont la plupart applicables aux autres animaux, même à ceux qui ne vivent point en Société: ils ont tous, comme nous, les beſoins d'une ſubſiſtance quotidienne, les mêmes néceſſités dans l'enfance, & les mêmes infirmités dans la vieilleſſe. Comme nous, ils ont l'appetit des plaiſirs, l'averſion de la douleur...... ſans pour cela qu'ils ſe raſſemblent. M. Mercier ne laisse pas de tirer des conséquences infinies de ce principe, qui d'un coté est sans effet chez les animaux solitaires, & de l'autre devient commun entre nous & les animaux en Société ; la réunion des castors, par exemple, des fourmis, des abeilles étant l'ouvrage de la nature, & ayant, suivant son systême, les mêmes principes que la nôtre, ses conséquences doivent donc leur être communes avec nous.

V. Il pose pour premier axiome *qu'il existe un juste absolu.* Mais s'il existait, il n'y aurait personne au monde, qui put nier sa réalité: elle serait gravée dans l'ame de tous les hommes; les doutes seuls qu'on forme à son sujet, sont des preuves du contraire. Supposant qu'il existât, il s'ensuivrait, que toutes les loix devraient avoir la même origine & qu'elles se trouveraient partout les mêmes. Conséquence fausse, qui prouve la fausseté du principe. Supposant encore que ce juste absolu pût être soupçonné dans nos ames, il est certain, que n'y ayant rien operé depuis tant de siecles, les preuves de son existence ne lui donneraient pas plus d'occupation, ni de pouvoir dans la suite; mais, qu'il existe ou non, l'on n'en peut pas conclure plus d'effet pour l'avenir, qu'il n'en a produit par le passé.

VI. Si notre ame avait la plus légere notion de ce juste absolu, une de ses premieres & plus fortes impressions, devrait être une horreur innée pour le mal moral : La connaissance de l'un étant nécessairement dépendante de la connaissance de l'autre; mais il s'en faut bien que les hommes aient cette aversion : par exemple de toutes les différentes branches du mal moral, le meurtre, l'homicide doit être envisagé comme le plus essentiel, le plus frappant, le plus généralement reconnu : cependant, fouillons l'histoire, nous y verrons que des deux premiers nés, l'un massacre l'autre; si le juste absolu avait dû se trouver quelque part, ç'aurait dû être sans contredit chez les premiers des hommes. Poursuivons l'histoire des nations, nous n'y lisons que meurtres & qu'homicides, c'est toujours une portion du genre humain acharnée contre une autre, il semble que les hommes soient créés avec un desir inné de destruction; ainsi, par l'effet si l'on doit conclure la cause, en voyant chez tous les peuples & dans tous les siecles, une suite constante d'actions injustes, & ne rencontrant nulle part les traces du juste absolu, ni des suites qu'il devrait avoir, l'on serait forcé de conclure qu'il existe plustot un penchant inné pour l'injuste. *Ce sentiment* fournirait bien plus de preuves, que le systême de M. Mercier, mais comme dans un matiere aussi grave, il n'eſt pas queſtion de ſyſtêmes, de probabilités, ni d'argumentations, je crois très inutile de diſputer par des mots, lorsque l'on a tant de faits à alléguer & je me garderai bien de conclure ce penchant inné pour l'injuſte, de tant & tant de raiſonnemens, qui pourraient le prouver.

Lorsque la raiſon parle, l'on peut bien dire qu'elle nous invite à la juſtice : c'eſt-à-dire que l'ame éclairée par ſes réflexions voit qu'elle doit préférer ce qu'elle croit juſte, à ce qui ne lui parait pas l'être. Ce deſir de l'ame pour le juſte eſt encore une preuve qu'il n'exiſte point de *juſte abſolu*, puisqu'alors tout le monde le ſuivrait; mais quoiqu'on le cherche & qu'on veuille s'y conformer, on ne le connait pas; de là vient que tant de monde ſe portent à des actions injuſtes, non par une malice innée, mais par l'ignorance de ce veritable juſte, qu'ils ne ſavent pas diſtinguer, les idées des hommes varient ſur ce ſujet à l'infini : l'antropophage, qui maſſacre ſon ſemblable pour le dévorer, ne ſe doute ſeulement pas de commettre une injuſtice ; cependant ſi quelque ſentiment inné ſe rencontrait dans le cœur humain, il devrait plus particuliérement opérer ſur les ſauvages, qui ſont déterminés dans toutes leurs actions par un inſtinct de pure nature. Enfin, non ſeulement les ſauvages, mais

tous

tous les hommes consultent vainement leurs lumieres naturelles, chacun se fait une idée du juste, différente de celle d'un autre, & chacun croit avoir raison: l'homicide; que nous avons cité pour exemple, dont le nom seul devrait glacer d'effroi, trouve sans cesse des gens, qui le commettent, des circonstances qui le tolerent, des juges qui le permettent & des loix qui l'ordonnent: dans sa propre défense il est permis de tuer son adversaire; en guerre il est glorieux d'exterminer beaucoup des ennemis; dans les sociétés, il est prudent de condamner à mort les malfaiteurs; dans tous ces cas l'homicide devient juste, mais ce n'est qu'un juste relatif. Si donc la mort d'un homme est quelquefois un crime & d'autres fois une action louable, tantôt légitime & souvent ordonnée, pour avoir la connaissance innée du juste absolu, il faudrait pouvoir distinguer naturellement tous ces rapports & naître fort savant. Car si l'on n'est pas instruit de la justice de toutes les relations possibles, *le juste absolu* existerait très inutilement, puisque personne ne saurait le distinguer. Combien ne survient-il pas d'événemens, où les magistrats les plus consommés ont beaucoup de peine à démêler le juste? Si l'on suppose un *juste absolu*, il faudra supposer aussi dans tous les hommes une science infuse, qui pour s'étendre à tant de divers rapports, serait ſupérieure aux ſciences acquiſes de l'univers entier ; Car je le répete, ſans la connaiſſance de tous les cas, où ce juſte doit être reconnu, il eſt abſolument inutile.

VII. S'il y avait un *juſte abſolu*, l'on devrait l'apercevoir dumoins dans quelques individus ; il paraît ſur tout qu'on en découvrirait des traces, dans l'âge où les paſſions ne l'auraient point encore troublé, comme dans l'enfance : là les préjugés, ni le reſpect humain ne lui préſentent aucun obſtacle ; mais obſervez cet age, voyez une inclination continuelle à l'injuſte qui paroit naturelle : un enfant veut tuer, & tue en effet tous les petits animaux, qui tombent ſous ſa main, il veut battre les grands, qu'il ne peut pas tuer, & la plupart des actes d'injuſtice, qu'il commet à chaque inſtant, n'ont pas même un motif d'utilité. Il ſuit en tout un penchant naturel, ou du moins qui paraît l'être. Lorsqu'il s'agit de ſes plaiſirs, il pouſſe l'injuſtice au dernier dégré : s'il ſe trouve d'autres enfans avec lui, aportez des bombons & des jouxjoux, il les veut tous, il crie, il ſe déſespere, il entre en fureur, ſi vous en donnez à d'autres qu'à lui, il prétend tout avoir ; aportez encore des bombons à l'infini, il ne permettra jamais, qu'on en diſtribue la moindre portion aux autres ; outre cette avidité conſtante, toutes ſes démarches annoncent encore la ſupériorité, qu'il veut ſans ceſſe uſurper ; il ne fait rien en un mot, qui ne tende à l'injuſtice. Je parle ici d'un enfant, qui n'a point encore reçu la moindre éducation ; ſans quoi il ne ſerait pas dans le cas, dont nous parlons.

Si donc, dans cet âge, qu'on apelle innocent, l'on ne découvre pas le moindre indice d'un juſte abſolu, ſi dans la virilité on l'ignore, on le méconnaît, ſi les vieillards n'en ont jamais oui parler, s'il ne produit nulle part aucun effet, & ſi l'opinion de tous les hommes ſur le juſte, eſt ſi variée, ſi différente & ſouvent ſi oppoſée, malgré tous les ſoins qu'ils prennent & les recherches qu'ils font pour le découvrir, comment peut-on ſuppoſer *un juſte abſolu?* comment peut-on donner un principe fixe & immuable, pour bâſe de la diverſité du ſentiment des hommes, qui ont presque chacun un *juſte abſolu* différent ? Voilà quel eſt le fondement, ſur lequel M. Mercier bâtit tout ſon ſiſtême : fondement inconnu, ignoré & inutile jusqu'à nos jours, comme il en conviendra lui-même plus bas.

VIII. M. Mercier prétend que *l'évidence eſt néceſſaire aux loix :* il donne à tous les ſujets le droit d'examiner, ſi la loi a l'évidence & les qualités requiſes ; chaque ſujet ayant ce droit d'examen, a celui d'admettre ou de rejetter la loi ; les peuples par conséquent, en désaprouvant ou confirmant chaque loi, ne laissent au législateur, que la permission de la proposer. Cet Etat devient donc démocratique ou à peu près, avec cette différence encore, que ce n'est pas toute la nation collectivement, qui donne la force à la loi, mais que chaque particulier a privativement ce droit. D'où l'on doit conclure que chacun des membres de la société, devant être assuré de l'évidence de la loi avant de l'admettre, & étant presque impossible à la nature humaine de former des propositions, que le sentiment varié de tous les hommes puisse aprouver, jamais aucune loi n'obtiendrait sa sanction.

D'AILLEURS quelle foule de débats ne ferait-on pas naître, en accordant ce droit à tant de particuliers, qui ont tous des interêts différens? ce ferait un désordre général; car il faut observer que dès qu'une loi n'oblige pas tous les sujets, elle est nulle; ainsi tant qu'il y aurait un seul homme qui n'y découvrirait pas l'évidence, il ne serait point soumis à cette loi que sa seule opposition rendrait éternellement nulle.

IX. IL fonde son systême *sur la nécessité de la propriété* & dès lors il en faut retrancher l'Asie, l'Afrique & l'Amérique & même une portion de l'Europe. L'Humanité est bien d'accord avec lui. Heureux le ſiecle où la barbarie & l'esclavage ſeraient pour jamais détruits!

X. *Des droits*, dit-il, *naiſſent les devoirs & des devoirs naiſſent des droits.* Ce ſerait un bonheur & un ſouhait à faire; mais l'habitude, la force, ou ſi l'on veut la violence en ayant décidé autrement, il n'y a plus de remedes. Au reſte ſi les droits & les devoirs étaient en proportion, ceux qui auraient le plus de ceux ci, auraient en même tems le plus de ceux-là : je demande, ſi les plus puiſſans avaient le plus de devoirs, par quelle autorité pourrait-on les contraindre à les remplir?

XI. *La nation en corps ne doit pas être regardée comme un corps, parceque il y a diverſité d'intérêts & d'opinions.* Si cette diverſité faiſait disparaître le nom de corps, où elle ſe trouve, il n'y aurait point de corps ſur la terre; car il ſuffit qu'il y ait ſeulement deux perſonnes, pour être aſſuré qu'il y a diverſité d'intérêts & d'opinions.

XII. Il prétend que la *puiſſance légiſlative & exécutrice ſont & doivent être abſolument & néceſſairement dans les mêmes mains.* Ce qui ne ſe rencontre nulle part que chez les despotes & encore la puiſſance exécutrice s'y ſubdiviſe-t-elle. Dans les monarchies, où le Souverain eſt le plus abſolu, il y a toujours des corps chargés de l'exécution des loix: la faibleſſe humaine ne peut permettre à un ſeul d'être législateur, interprête des loix & adminiſtrateur de la juſtice. Comment un homme ferait-il, ce que dix mille ont tant de peine à examiner? ainſi en mettant ces deux puiſſances dans les mêmes mains, il faut néceſſairement qu'il en réſulte des injuſtices continuelles: je conviens qu'elles ſeraient involontaires; mais elles n'en exiſteraient pas moins. Cette conſtitution ſerait donc extrêmement vicieuſe.

XIII. Il aſſure que *l'autorité ne peut être exercée par pluſieurs.* Peut-être veut-il dire qu'elle ne devrait pas l'être, car autrement l'Ariſtocratie, la Démocratie, tant de Gouvernemens mixtes, toutes les Républiques enfin, que nous connaiſſons, ne pourraient pas être. Mais s'il prétend que l'autorité exercée par un ſeul, forme la meilleure conſtitution, cette opinion peut être conteſtée par pluſieurs exemples: ſi l'on parcourt les Etats anciens, ou les modernes, l'on trouvera conſtamment les républiques ſe ſoutenir plus longtems que les monarchies; & ſi l'on ne conſulte que le bonheur de la Société, l'on trouvera la tranquillité & la paix régner chez tous les peuples démocratiques ou ariſtocratiques de nos jours, tandis que l'on ne peut compter un luſtre, ſans que les monarchies ſoient violemment agitées par des guerres éternelles : voyez l'Europe & comparez les Suiſſes, les Hollandais, les Vénitiens, les Génois ... aux Etats gouvernés par un ſeul. Si l'on a en vue la grande puiſſance : Rome, qu'on citera à jamais pour exemple, eſt parvenue à cette ſupreme élévation, étant gouvernée par deux conſuls, dirigés par le ſénat; & encore l'autorité de ces conſuls était ſans ceſſe en oppoſition avec celle des tribuns ; du choc de ces deux puiſſances, comme du frottement du caillou contre l'acier, ſortaient des étincelles éclattantes, qui réchauffaient & donnaient de l'activité à toutes les forces du peuple Romain : nul Etat gouverné par un ſeul, n'a pu lui réſiſter, & la nation qui lui a oppoſé le plus d'obſtacles, eſt une République, où l'autorité était entre les mains de pluſieurs. L'on ſait ce que Carthage a couté aux Romains. Enfin les richeſſes ſe trouvent en plus grande abondance chez les Républiques, pour pluſieurs raiſons fort claires.

XIV. M. Merc. ramene tout *à l'évidence.* Il faut bien que cette évidence n'ait jamais exiſté, car ſa force étant irréſiſtible, l'univers entier ſuivrait ſes loix, tout ſerait dirigé par elle, la légiſlation de tous les peuples ſerait uniforme ; à moins qu'on ne diſe que cette évidence ne détermine, n'entraîne perſonne, & dès lors elle devient très inutile. Si l'on veut encore ſupoſer qu'elle eſt convaincante pour les uns, & qu'elle ne l'eſt pas pour les autres, autant vaudrait-il dire qu'elle eſt évidence & qu'elle n'eſt pas évidence.

Il ajoute une ſeconde propoſition, qui exclut naturellement la premiere : *il eſt impoſſible*, dit-il, *ſans l'évidence, d'imaginer rien de parfait, rien de ſolide.* Comme il n'y a rien de parfait, rien de ſolide dans ce bas monde, l'on doit conclure que l'évidence eſt pour nous une belle chimere.

La connaiſſance évidente de l'ordre naturel & eſſentiel des Sociétés, ou plutot cet ordre lui même n'exiſte que dans le ſyſtême de M. Merc. s'il ſe trouvait quelque part, ce pays fortuné aurait, ſuivant l'auteur, la plus grande puiſſance poſſible, la plus grande richeſſe poſſible...... enfin ce pays ſerait ou deviendrait bientot le maître de l'univers ; car quel peuple ne s'empreſſerait pas à partager cette heureuſe conſtitution, quand même ce puiſſant Etat ne ſe ſoucierait pas de conquêtes ?

L'évidence, dit-il, *eſt une, l'ordre eſt un.* D'où l'on conclura toujours que de tous les Etats du monde, il n'y en a jamais eu un dans l'ordre, & ſi l'un s'y trouvait, tous ceux, qui n'auraient ni les mêmes loix, ni la même conſtitution, ſeraient hors de l'ordre & de l'évidence. Cet ordre n'eſt donc pas eſſentiel aux Sociétés politiques, puiſque elles ont toutes ſubſiſté & ſubſiſtent encore ſans lui ; il n'eſt pas naturel, non plus, ſuivant le titre, car comment prouverait-on qu'une chofe, qui n'a jamais exifté, eft naturelle?

XV. *L'Arbitraire*, dit-il, *ne peut remédier à un désordre, que par un autre désordre.* Cette propofition peut être vraie quelquefois; mais on n'en peut tirer aucune conféquence pofitive & générale. Ceci mérite attention : fi les hommes devaient être heureux dans ce monde, fi leurs ouvrages ou du moins fi leurs loix pouvaient être parfaites, l'arbitraire, en voulant remédier au défordre, pourrait affurément rencontrer l'ordre. Mais le bonheur des hommes confiftant dans l'opinion, les loix qui veulent procurer ce bonheur, doivent confulter l'opinion, d'où il s'enfuivrait, qu'il faudrait autant de loix, qu'il y a d'hommes, c'eft-à-dire d'opinions différentes; car ce qui eft défordre pour un tems, pour un pays, pour une circonftance & dans l'esprit de certaines perfonnes, peut être un ordre dans d'autres occafions, du moins dans l'opinion de plufieurs. Un défordre pareil pourrait très bien être corrigé par un défordre oppofé, ce qui s'appellerait par plufieurs, un ordre. Je crois donc qu'il n'exifte pas un ordre prétendu pofitif, ni un défordre abfolu : les meilleures loix pouvant produire un mauvais effet dans certaines occafions. Toutes les affertions de M. Merc. font des propofitions pofitives, générales & exclufives : ce qui ne peut s'accorder avec l'inconstance des choses humaines. Tout est rélatif parmi les hommes, ce qui est bien aujourd'hui, peut être mal demain; il n'y a pas un seul individu qui ne soit sujet à ces changemens.

XVI. M. Merc. *désaprouve les contreforces*, tandis que toutes les Républiques en démontrent le constant avantage, tandis que l'Angleterre par ses richesses, par sa puissance, & par l'état florissant de son commerce en prouve l'utilité, tandis que, enfin, les plus grands malheurs des Etats ne naissent que parce qu'ils manquent de ces contreforces. M. Merc. va même jusqu'à dire qu'elles n'existent pas, & ce qui est bien plus singulier, jusqu'à dire qu'elles ne peuvent pas exister. Je ne sais comprendre ce que signifie une façon de parler aussi extraordinaire, à moins qu'il n'entende autre chose par le mot de contreforce que ce balancement de pouvoir, que l'on retrouve dans le plus grand nombre des Sociétés politiques; en ce cas il faut attendre une explication ultérieure.

Du juste absolu, de l'ordre positif & essentiel & de la connaissance évidente, dont personne ne s'aperçoit, M. Merc. forme un gouvernement saint, des magistrats saints, des sujets saints, un souverain saint & tout cela doit être parfait & de la plus grande perfection possible. Son Systême, dans ce ſens, pourrait être enviſagé, comme une théocratie ſublime, ſous des noms différens, & ſa légiſlation, comme un traité de morale divine, inconnue & impoſſible aux hommes. L'on eſt bien pardonnable, quand l'on s'égare dans de ſi beaux rêves.

XVII. La manie des paradoxes, qui s'eſt emparée de la plupart des auteurs de ce ſiecle, qui aiment mieux avancer & ſoutenir des propoſitions ridicules, que de ne point dire de nouveautés, a peut-être beaucoup influé ſur les grands éloges que cet ouvrage fait du despotisme. Ce nom ſeul annonce les horreurs, qui en ſont les ſuites, l'on en eſt révolté. Cette obſervation n'a pû échaper à M. Merc. mais pour ſauver l'impreſſion effrayante, que ce terme occaſionne, il diſtingue le despotisme, en arbitraire & en légal : il n'oſe d'abord propoſer un despote, pour chef de ſa Société, c'eſt premiérement le despotisme légal, dont il parle, puis l'homme qui l'exerce vient enſuite. En vérité, il faut faire bien peu de cas de ſes lecteurs, pour les jouer ainſi par des mots : 1°. Ou c'eſt un despotisme, & pour lors il eſt eſſentiellement arbitraire, indépendant & audeſſus des loix, ou s'il eſt ſoumis aux loix, ce n'eſt plus un despotisme; à moins de vouloir à plaiſir donner aux termes la ſignification qu'on voudra; ainſi il y aurait, suivant sa division, un despotisme qui serait arbitraire, & un despotisme, qui ne serait pas despotisme. Que n'appelle-t-il cela monarchie, comme tout le monde ? 2°. Que résulterait-il d'un prétendu despotisme soumis aux loix ? d'abord, c'est à l'evidence qu'il attribue l'empire, c'est au juste absolu, c'est à l'ordre essentiel, qu'il veut que se raporte la soumission générale; d'où il suit que ce n'est plus au despote, qu'on obéit, puis-que il n'est jamais que l'interprete, l'organe & le dépositaire de cet ordre essentiel, auquel il doit lui-même être toujours humblement soumis; d'où il suit que tous les Magistrats des villes, que tous ceux qui sont préposés pour faire exécuter ces loix d'évidence, cet ordre essentiel, sont autant despotes que le souverain; d'où il suit que le livre des loix, que l'écrit qui contient l'énoncé de cet ordre essentiel est despote. C'est ainsi que, dans le sens de M. Merc. en suposant le droit romain despotique, l'on devrait conclure que l'Empereur Justinien, mort depuis tant de siecles, est aujourd'hui le despote d'une partie de l'Europe; c'est là si positivement le sentiment de l'auteur, qu'il propose Euclide comme un despote; mais comme le professeur de mathématiques, qui démontre les élémens d'Euclide, n'est que l'organe ou l'instrument du despotisme d'Euclide, de même celui que

M, Merc. apelle despote légal n'eſt tout au plus, que l'organe ou l'inſtrument des loix, qui ont pû être faites mille années avant lui. Voilà donc un despote, bien moins puiſſant qu'un Bourguemaitre de la plus petite ville de l'Empire. Peut-on donner un ſens plus oppoſé à l'idée reçue du mot despote ?

M. Merc. ſent bien cependant l'embarras d'un pareil terme ; car tantot ces despotes ne peuvent rien, ou s'ils agiſſent, *l'évidence dicte leur volonté.. ils ſont aſſociés à la raiſon ſuprême...* N'eſt ce pas faire voir l'impoſſibilité d'un pareil Syſtême ? Où pourrait-on trouver, parmi la race des hommes, un Souverain aſſocié à la raiſon ſuprême ? à moins d'ajouter, comme M. Merc., *que le ciel & la terre ſe touchent.* L'un n'eſt pas plus poſſible que l'autre : nous n'avons pas des Dieux à choiſir pour ſouverains.

ENFIN tout autre aurait dit dans le même cas, que c'eſt un gouvernement monarchique, le plus oppoſé au despotisme, que dans cette conſtitution le Souverain a le moins de pouvoir qu'il eſt poſſible, qu'il y eſt ſoumis aux loix comme le dernier ſujet, qu'il n'en peut créer aucune, & que celles qu'il propoſe ne peuvent avoir d'effet, que lorsque tous les particuliers les auront aprouvées, en y reconnaiſſant l'évidence ; mais M. Merc. apelle cela un despote, qui a la plus grande puiſſance poſſible.....En verité, voilà bien une logique étrange & inconnue; c'eſt là une ſcience nouvelle.

XVIII. Lorsque M. Merc. donne tant & tant de perfections à ſon Souverain, l'on s'attend qu'il indiquera les moyens, pour ſavoir choiſir dans tout l'univers un homme ſi ſupérieur à tous ceux que nous connaiſſons; mais au contraire, il condamne les Etats électifs: c'eſt au hazard de la naiſſance, qu'il s'en raporte pour fournir de pareils ſouverains. Les élections ont ſans doute des inconvéniens, les trônes héréditaires en ont peut-être de bien plus grands; il eſt très ſouvent impoſſible de remédier aux malheurs, que le cours d'une ſucceſſion peut cauſer dans l'Etat. Lorsqu'elle n'offre pour maître qu'un Prince imbécile, méchant, incapable ou indigne de régner, ou ce qui eſt plus dangereux encore, lorsqu'il annonce une ambition déméſurée, que faire? il ſerait très aiſé de ſauver & de prévenir tous les inconvéniens des Elections: nous avons des ſages modeles, en ce genre, dans l'élection des doges, particuliérement à Veniſe. Toutes les autres Républiques, ſe mettent aujourd'hui à couvert de tout danger dans leurs élections, & l'Etat ne s'aperçoit presque pas de quelques nouvelles dépenſes à cette occaſion. Les arrangemens des Républiques conviendraient d'autant mieux dans le Syſtême de M. Merc. que ſon prétendu deſpote n'eſt proprement qu'un Doge.

XIX. *L'Evidence*, dit-il, *eſt deſpotique, en la choquant, tout s'armerait pour elle.* Il ne ſe paſſerait pas de jour, qu'on ne vît des ſéditions ou plutôt des révoltes dans la ſociété politique de M. Merc. dèsque la force & la puiſſance ne viendraient par ſupléer au prétendu pouvoir de l'évidence. Chaque loi ferait une occaſion de guerre civile où les uns & les autres ne pourraient découvrir l'évidence, qu'en raiſon de leurs lumieres; les préjugés s'en mêleraient & alors on ne s'apercevrait gueres de cette évidence, & enfin dèsque l'intérêt parlerait, il n'en ſerait plus queſtion.

M. Merc. en diſant que ſi l'on choquait l'évidence, tout s'armerait pour elle, oublie que tout ſon ouvrage prouve que juſqu'ici tous les Législateurs, tous les Etats l'ont conſtamment choquée, cependant perſonne ne s'eſt armé pour elle.

XX. Il donne à regret le nom d'impôt au revenu public; il a raiſon; c'eſt le nom le plus terrible & le plus redoutable dans la Société, nous le discuterons en ſon lieu.

XXI. Il faut, ſans doute, diſtinguer une Société formée, d'avec une qui vient de naître: c'eſt dans ce cas ſurtout, où les législateurs ne doivent point avoir d'obſtination ; car ſi cet ordre naturel & eſſentiel des Sociétés que propoſe M. Merc. exiſtait quelque part, dèsque l'Etat s'affaiblirait, il faudrait ſe hâter d'en changer la conſtitution. L'attachement aux anciennes loix doit ſe taire, dèsque la Société périclite ; ce qui arrive néceſſairement dans toute législation ; ainſi en ſuppoſant l'ordre eſſentiel merveilleux dans l'établiſſement d'une Société, il ne conviendra plus dèsqu'elle aura une certaine conſiſtence & enfin les beſoins de l'Etat, variant dans tous les périodes, il faudra chaque fois de nouvelles loix. C'eſt ainſi que le meilleur Syſtême poſſible de législation ne peut être bon que pour un tems ; c'eſt ainſi, enfin, que tout eſt rélatif & que l'ordre eſſentiel eſt une chimere.

XXII. Si l'impôt eſt ſujet à quelques variations, ſuivant les beſoins de l'Etat, M. Merc. met toute cette variation, au déſavantage du vendeur excluſivement : l'on en pourrait tout auſſi naturellement, tirer une conſéquence contraire : le vendeur pourrait dire, dans le cas cité : la terre, que je vous vend, paie deux cents écus d'impôt, mais comme il varie, il ne ſera peut-être demain que de cent cinquante ou de cent. Toute variation préſente deux faces, il eſt injuſte de n'en vouloir voir qu'une.

XXIII.

XXIII. Il exige donc une *invariabilité d'impôt: ſans cela*, dit-il, *plus de propriété fonciere, plus de culture, plus de produits, plus d'impôts, plus de nation, plus de Souveraineté.* Peut-on tirer des conſéquences auſſi outrées d'un malheur néceſſaire? Je crois qu'il eſt déſavantageux d'admettre un impôt arbitraire; mais il eſt impoſſible aux hommes de tout prévoir, & la prudence la plus conſommée ſera toujours en défaut par des événemens inattendus. L'Etat aura de nouveaux beſoins, auxquels l'impôt ordinaire ne pourra ſuffire; s'il était invariable, je veux dire, s'il n'était pas permis de l'augmenter pour rémedier aux cas preſſans, l'Etat ſerait bouleverſé & anéanti. Je pourrais donc dire à mon tour dans certains cas: ſi l'impôt était invariable, il n'y aurait plus de nation, plus de ſouveraineté, plus de......

En admettant qu'il eſt malheureux que l'impôt ſoit ſujet à des variations, l'on doit en même tems convenir, qu'il eſt impoſſible de faire autrement, & convenir encore que cette imperfection, ſe trouvant dans toutes les nations, qui ne laiſſent pas d'exiſter, rien ne doit paraître plus ſingulier que les conſéquences ci-deſſus; c'eſt ce qu'on a apellé une logique convaincante.

XXIV. M. Merc., qui ne veut voir que l'agriculture, n'admet aucun autre principe de richeſſes, de population, de puiſſance, d'induſtrie... ceci eſt encore démenti par l'expérience de tous les peuples & de tous les tems : les différentes provinces, qui ont ſervi, ou qui ſervent encore de greniers aux autres, ſont conſtamment ſoumiſes & dans la dépendance : l'Egypte & la Sicile fourniſſaient au peuple Romain la plus grande partie de ſa ſubſiſtance, & malgré l'abondance des produits de leur agriculture, l'Egypte & la Sicile étaient ſoumiſes au peuple, qu'elles nourriſſaient. Aujourd'hui, ſi l'on en excepte l'Angleterre ſeule, où la marine, les poſſeſſions immenſes & le commerce accumulent les richeſſes, tous les pays abondans en bled, ſont les plus pauvres. Une partie de l'Europe a recours aux productions de la Pologne & de la Barbarie, ſans que cette abondance rende ces deux pays les plus puiſſans, les plus riches, les plus induſtrieux, les plus peuplés qu'il ſoit poſſible, comme le prétend M. Merc.; l'on aurait beau jeu, ſi l'on voulait prouver préciſément le contraire de ce qu'il avance; je ne dis pas, en entaſſant des mots, mais en alléguant des faits.

XXV. Je ſuis bien éloigné de déprimer l'agriculture, qui ſatisfait nos beſoins les plus indispenſables : je la regarde comme le premier des arts ; mais ſans entouſiasme pour elle, je ſoutiendrai qu'elle n'eſt à un Etat, que ce qu'une nourrice eſt à l'éducation d'un enfant. Tant que l'Etat & l'enfant n'ont beſoin que de manger, l'agriculture & la nourrice ſatisfont au moment; mais elles ſont l'une & l'autre presque inutiles à une multitude innombrable d'autres beſoins; & pour me ſervir toujours de la même comparaiſon, je dirai, que comme on trouve les moyens d'élever un enfant ſans nourrice, en ſubſtituant à ſon lait, d'autres alimens étrangers, de même l'Etat peut ſe paſſer de l'agriculture, en ſe procurant le produit des agriculteurs étrangers. C'eſt ce que l'expérience démontre ſans replique, même dans les villes les plus floriſſantes. Nous approfondirons ceci dans la ſuite.

Il faut convenir, que lorsque l'agriculture eſt en vigueur, & que l'abondance regne, les peuples vivent alors à moins de fraix; mais il ne faut pas ſe faire illuſion ſur le bas prix de la nourriture: comme tout eſt rélatif, dans l'état où les Sociétés ſe trouvent aujourd'hui, il en réſulte, que ce qui ne coute que dix ſous dans un endroit, y eſt plus cher que ce qui en coute vingt dans un autre; je veux dire qu'il eſt beaucoup plus difficile d'acheter un pain, où il ne coute que dix ſous, que de l'acheter où il en coute vingt. C'eſt l'abondance de l'argent & non celle de l'agriculture, qui tient la balance; c'eſt l'argent, qui donne la loi; c'eſt lui, qui conſtitue réellement les richeſſes, la puiſſance & le reſte, dans la poſition actuelle de toutes les Sociétés connues. Qu'importe l'abondance des grains à toute une nation, ſi elle n'a pas aſſez d'argent pour en acheter; s'il eſt impoſſible au plus grand nombre des habitans de fournir le prix modique du bled, ils mourront tous de faim, au milieu de cette abondance: les agronomes vivront, il eſt vrai, mais ce n'eſt pas la millieme partie de la nation. Les laboureurs auront des grains de reſte, il eſt vrai; mais voulez-vous qu'ils en faſſent préſent aux autres? les payſans, en un mot, ayant ſi peu de beſoins, n'auront presque aucun motif d'échanger une petite portion de leur ſuperflu, la famine régnera dans ce pays d'abondance, les agriculteurs ſeront découragés dans leurs travaux & ne s'occuperont plus que pour leur propre néceſſité; en parlant le langage de M. Merc. l'on devrait dire que dès qu'il y a diſette d'argent dans un pays, malgré la plus grande abondance de toutes les productions d'agriculture, il y aura une famine exceſſive, il n'y aura bientot plus d'impôt, plus de nation, plus d'agriculture, plus de Souverain.....

Les raiſonnemens ne ſervent ici de rien; il eſt très ſuperflu de s'abandonner à des ſpéculations infinies, lorsque l'on peut conſulter l'expérience & la réalité. Parcourez les provinces, où les vivres

ſont en plus grande quantité & au plus modique prix, c'eſt là préciſément où la miſere eſt plus ſenſible, c'eſt là où perſonne n'eſt en état de ſatisfaire cette foule de beſoins, que l'uſage a rendus néceſſaires.

A n'enviſager les Sociétés, que comme elles ont dû être avant l'invention de l'argent, les ſeules richeſſes étaient des effets, parmi leſquels les productions de la terre tenaient peut-être le premier rang, mais elles n'etaient pas l'unique richeſſe: en ſuppoſant un peuple laboureur & paſteur, ſes terres & ſes troupeaux pouvaient bien le nourrir: mais combien ſes néceſſités n'exigeaient-elles pas d'autres ſecours? avant que les bergers puſſent s'habiller de la laine de leurs moutons, elle devait paſſer par beaucoup de mains. Le fer néceſſaire à l'agriculture annonce des combinaiſons, exige des travaux de mines & tant d'autres, qui étaient de toute néceſſité : la pêche & la chaſſe, qui fourniſſaient d'autres richeſſes, avaient à leur tour leurs beſoins: il fallait des armes & des filets. Le détail de l'habillement des hommes, leurs demeures, leur défenſe, tout a dû exiger d'autres arts plus difficiles que l'agriculture. Voilà donc néceſſairement la nation diviſée en diverſes claſſes d'artiſans, donc le laboureur pouvait bien être le plus utile, ſans être pour cela le ſeul eſſentiel. Tout circulait alors par un échange effectif & pénible, que l'argent a rendu plus commode: l'un fournissait le métal au chasseur, qui lui donnait son gibier; l'autre donnait des peaux qu'il avait apretées, ou la laine qu'il avait tissue, contre les choux ou les fruits de son voisin.

Lorsqu'on veut bien considérer, que pour faire usage du bled, pour le réduire en farine & en faire du pain, que pour traire le lait, que pour faire cuire une poignée de légumes, il a fallu des vases, des moulins & mille autres secours; l'on est donc obligé de convenir, que même chez un peuple laboureur, chaque art a été d'un prix proportionné aux besoins, qu'il pouvait satisfaire; & que l'agriculture, étant un art comme tous les autres, n'a eu sur eux qu'une supériorité relative & qu'à son tour elle dépend d'eux, de plusieurs façons.

Mais, s'écrie-t-on, l'agriculture produit, cree chaque année des nouvelles denrées, des richesses réelles & physiques, tandis que les autres arts ne font que modifier ses productions, sans augmenter la masse, sans créer aucune matiere. Observons ceci avec attention, parceque c'est de ce principe qu'est née l'illusion de la nouvelle Science.

En convenant que l'agriculture cree, ou produit de nouvelles richesses, dans un sens; je sou-

tiens que dans le même ſens, tous les autres arts en produiſent auſſi. Je vais m'expliquer, & pour entrer dans un détail, & ne point dérober aucune des prétentions, qui pourraient être interprétées en faveur de la Science nouvelle, je compterai les paſteurs, les jardiniers, les chaſſeurs même & les pêcheurs, comme étant du département de l'agriculture.

Voyons à préſent comment l'agriculture produit: les laboureurs emploient une matiere, qui augmentant en quantité, ſe multiplie & cree par là une nouvelle valeur; nous ne devons point envisager cette matiere premiere, comme étant inutile par elle-même: les ſemences ont leur prix, comme le cuivre en a un, avant que l'ouvrier en ait formé un chauderon: les arts emploient les ſemences, augmentent leur prix & leur valeur, par les travaux des laboureurs, comme la matiere que tous les autres arts fabriquent, augmente les ſiens par les travaux des artiſans. Les moiſſons deviennent donc une richeſſe plus conſidérable, que le bled mis en terre pour les produire, ainſi que les montres deviennent une richeſſe plus conſidérable, que le laiton & l'acier, que l'horloger a travaillés pour les faire.

L'Agriculture, dit-on, apporte une nouvelle matiere, qui n'exiſtait point auparavant qui eſt de premiere néceſſité, tandis que tous les arts ne ſont que changer la forme des corps, les modifier, les embellir, & qu'ils n'augmentent pas tous enſemble un atôme de matiere; ainſi tous les arts ne ſont rien, en comparaiſon de celui qui cree & qui produit cette même matiere : l'agriculture ſert, non ſeulement d'aliment aux hommes, mais elle eſt encore le ſoutien, la baſe, la ſource, qui fournit aux autres arts. Telles ſont, dans toute leur étendue, les prétentions de l'agriculture : elles peuvent aiſément ſéduire ceux, qui n'approfondiraient pas mieux le cours des choſes.

Les arts produiſent à leur tour; pluſieurs d'entre eux, qui ne creent point de nouvelle matiere, ſont par rapport à nous, comme s'ils créaient véritablement : ſans parler des métaux, qui ſont devenus d'une néceſſité indispenſable, & qui rendent le travail des mines d'une utilité plus étendue que l'agriculture, jettons un coup d'œil ſur d'autres arts ; parcourons les fourneaux : l'on y trouve des ouvriers, qui prennent une eſpece d'argile : matiere inutile & qui eſt pour nous comme ſi elle n'exiſtait pas ; avec cette terre l'on voit naître des pots, des vaſes de toute eſpece, des briques pour bâtir nos maiſons, des tuiles pour les couvrir; voilà des richeſſes phyſiques, que nous ne mangeons pas, il eſt vrai ; mais dans la foule innombrable de nos besoins, le manger n'est qu'un, & même sans les productions des arts, nous ne mangerions gueres.

APRES tous ces ouvrages de terre, poterie, faïance, porcelaine.... nous trouvons des verriers, qui creent des verres & des cristaux de toute espece, avec des cendres ou autres matieres absolument inutiles: ces cendres & ces terres sont à la verrerie, ce que les semences, matiere très utile, sont à l'agriculture. Toutes ces productions sont des nouvelles richesses créées.

LE métal que la mine nous donne, ne nous sert de rien en cet état: voici encore des fourneaux de cent façons. La main du forgeron produit des vases, des armes, des instrumens, des machines, des outils de toute espece.... Ces nouvelles productions, sont presque toutes de premiere nécessité, l'agriculture elle-même ne pourrait exister sans leur secours.

SANS parcourir en détail toutes les richesses physiques, que les arts nous donnent par le moyen des fourneaux, comme la pierre, qu'ils changent en chaux, les sels qu'ils tirent de tous les corps, l'esprit qu'ils extraisent de toute liqueur fermentée, sans parler des miracles de la Chimie, des secours de la Pharmacie, prenons les arts même, auxquels l'agriculture donne de l'ouvrage: à quoi nous serviraient ses productions, sans cette quantité d'artiſans, qui les modifient, les préparent & les rendent propres à notre uſage? Je dis qu'un cordonnier cree auſſi bien, une paire de ſouliers d'une piece de cuir, qu'un laboureur cree un fagot de lin des ſemences qu'il a jettées en terre. Ce cuir était bien plus inutile aux hommes, ſans la main du cordonnier, que les ſemences de lin, ſans celle de l'agriculteur. Ce n'eſt pas cela ſeulement; la plupart des productions des arts, ont une valeur actuelle, & ſervent à nos uſages au moment qu'elles ſortent des mains de l'ouvrier; mais ce que l'Agriculture nous donne, a beſoin de pluſieurs autres ſecours, pour nous devenir utile. Le bled doit paſſer par beaucoup de mains, avant de pouvoir nous nourrir, la laine & le lin ont beſoin de quantité d'aprêts, avant de nous couvrir; ainſi en apréciant les choſes, ſuivant leur valeur réelle & phyſique, je dis qu'un tiſſeran qui a tiſſé le lin que ſa femme a filé, a produit une richeſſe auſſi réelle, en faiſant une piece de toile, que le laboureur qui a produit, ou fait produire ce lin, de la ſemence qu'il a miſe en terre.

Mais, dit-on toujours, ſans le laboureur, le tiſſeran n'aurait rien eu à tiſſer; d'accord; mais je dirai auſſi que ſans les mineurs, les forgerons....; le laboureur n'aurait jamais pû labourer.

L'on ne trouve dans la comparaiſon de tous les

arts entre eux, d'autre avantage en faveur de l'agriculture, qu'une addition, qu'une augmentation de substance, ce qui fait une augmentation de valeur ; tandis qu'une partie des autres arts n'augmentent point la masse de substance, la quantité de matiere, mais ils augmentent son utilité : ce qui est une augmentation de valeur, & de richesses aussi réelles que l'autre. Pour réduire la question sous son veritable point de vue, il s'agirait de décider ce qui doit avoir la préférence, ou l'art qui produit le plus de matiere, ou celui qui procure le plus d'utilité. A évaluer les objets rélativement à nos besoins, l'on trouve une dépendance si grande des arts entre eux, qu'on ne peut accorder la supériorité exclusive à aucun : lequel, que vous priviez du secours des autres, il sera bientot réduit à l'inaction. Lorsque l'on veut badiner l'inutilité physique de l'argent, placez, dit-on, quelqu'un au milieu d'un monceau d'or, voyez un peu les secours, qu'il en tirera ?

NE pourrait-on pas dire aussi ? placez quelqu'un au milieu d'un tas de bled, parmi des fagots de chanvre ou de lin & sur des balots de laine, voyez un peu comment il mangera, comment il s'habillera ?

IL faut bien convenir que sans la matiere premiere, les arts seroient inutiles: si un menuisier n'avait ni bois, ni planches, il ne pourrait jamais faire un buffet; & quoique assurément une armoire, une commode soient une richesse nouvelle, utile, & commerçable, il faut avouer aussi que les planches avaient une certaine valeur auparavant, de même que les semences, avant que l'agriculture les eut employées. L'augmentation de la masse, de la quantité de cette matiere premiere, peut être procurée par l'agricul ture; mais elle l'est aussi par d'autres moyens, qui sont quelquefois plus avantageux. C'est une vérité, que ne veulent absolument pas voir les partisans de la Science nouvelle; tâchons de la montrer aux autres: un pays, qui ne veut pas, ou qui ne peut point avoir d'agriculture, est obligé de se pourvoir chez d'autres peuples, des denrées pour se nourrir. Le voilà, dira-t-on, dans la dépendance d'autrui: sans doute, il dépend des pays où les récoltes abondent, comme l'agriculture dépend des autres arts, qui l'aident, ou qui rendent ses productions utiles & propres à la consommation: ce pays dépend des autres pour le bled, comme les autres dépendent de lui pour l'argent ou les fabriques, & enfin comme tous les peuples dépendent mutuellement les uns des autres. Le peuple sans agriculture a donc recours à ceux, chez qui elle regne, il en tire du bled & donne en échange le travail de ſes habitans : c'eſt-à-dire qu'un négociant, qui a porté quelques caiſſes de montres, de bijouteries, de dentelles ou de brimborions, ramene chez lui pluſieurs vaiſſeaux chargés de grains, d'huile, de vin & d'autres productions de la terre. Cette augmentation de maſſe, ne vaut-elle pas celle que l'agriculture procure ? Pour bien entrer dans cette queſtion, il faut combiner la quantité de ſemences, qu'il aurait fallu employer en Agriculture, pour avoir un produit égal à celui du commerce de ce négociant; calculer le travail des laboureurs, avec celui des artiſans, horlogers, quinquaillers, qui l'ont effectivement produit. De quel côté croyez-vous que ſe trouve l'avantage ? répondez ſans entouſiasme & ſans préjugés: les richeſſes du commerce répondent pour vous.

Il faut bien ſe garder de décourager les agriculteurs. Laiſſons-les dans la ſimplicité de leurs mœurs, ſe contenter du néceſſaire, lorsqu'ils peuvent l'avoir, & travailler toute leur vie à un métier, qui ne leur procure jamais un état d'aiſance, qu'ils méritent; laiſſons leur croire, qu'eux les plus pauvres de la nation, ſont cependant ceux, qui l'enrichiſſent. En avouant que c'eſt à l'agriculture qu'on doit l'abondance de pluſieurs choſes, il faut auſſi convenir que cette même abondance peut régner ſans elle: nous verrons par la ſuite, qu'il s'en faut bien qu'elle ſoit, ni qu'elle puiſſe être l'unique cauſe de la puiſſance, de la richeſſe & de la population d'un Etat. Avant même l'établiſſement convenu de la valeur des monnoies, les productions de la terre étaient richeſſes, en concurrence avec mille autres, c'eſt-à-dire avec tous les objets, qui pouvaient ſatisfaire nos autres beſoins; pour aujourd'hui ces productions ne ſont presque plus richeſſes, à moins qu'on ne les conſidere comme marchandiſes. Ceci merite les plus ſérieuſes réflexions: un propriétaire a ſes caves & ſes greniers remplis, mais par la trop grande abondance de ces denrées, par le défaut de débouché, par la diſette d'argent, & enfin par l'engourdiſſement du commerce, il ne peut vendre la plus petite partie de ſes proviſions. Il a de quoi boire & manger, mais il ne peut échanger ni ſon bled, ni ſon vin contre de l'argent: cet homme eſt-il riche? Le défaut de conſommation eſt le même, l'année ſuivante, & quand la population s'étendrait, les productions de l'agriculture augmenteraient auſſi, en proportion des bras qu'elle gagnerait, les récoltes ſeront encore plus abondantes dans la ſuite, le propriétaire ci-deſſus augmentera donc ſes magaſins; mais il ne peut rien vendre: eſt-il riche? Suppoſons que ces denrées ſe conſervent longtems ſans ſe gâter, s'il n'a jamais occaſion de s'en défaire, eſt-il riche? ſi toutes ces proviſions ſont des richeſſes, il faudra convenir que dans le cas cité, ce ſont des richeſſes inutiles. Quand tous les habitans d'une nation ſont nourris, le ſurplus du produit de l'agriculture lui eſt phyſiquement inutile: ces bleds & ces vins ont cependant une certaine valeur; mais à quoi ſert une valeur, dont on ne peut faire aucun uſage? Sans le ſecours de l'argent & du commerce, ces prétendues richeſſes, cette ſurabondance de denrées ne ſont ſûrement pas richeſſes. Il faut donc avoir recours à l'étranger, pour débiter ce que l'intérieur de la nation ne pourra conſommer. Voilà où j'en voulais venir, voilà que les denrées ne ſont richeſſes qu'étant regardées comme marchandiſes, voilà la néceſſité du commerce & ſurtout du commerce *étranger*; & pour me ſervir ici des inverſions de M. Merc. voilà une nation, qui par ſon abondance, ſe trouve dans la dépendance de tous les peuples, qui voudront bien l'en débarraſſer & échanger leur argent contre ſes grains.

Je n'ai pas intention de refuſer aux productions de la terre, leur valeur réelle; je le répete, je ſuis partiſan zélé, mais non pas outré de l'agriculture; j'y vois des bornes & je cherche à les déterminer, en faiſant le parallele des richeſſes qu'elle nous procure, avec celles de convention. Ces dernieres plus faciles à transporter, reçues dans tous les tems & dans tous les lieux, desirées de tous les habitans de la terre, n'attendent jamais ni le besoin, ni la consommation : elles servent d'échange à toute sorte de marchandises connues : tel est l'or & l'argent monnoyés.

Voilà les richesses les plus générales, les plus commodes & par là les plus nécessaires à la puissance des Etats, ainsi qu'à celle des particuliers. C'est peut être un malheur : ce que nous n'examinerons pas à présent & que je ne croirai jamais, dans l'état où sont les choses aujourd'hui.

Je dis donc que nous sommes forcés d'admettre, de reconnaître l'influence actuelle de l'argent sur les opérations de tous les peuples ; il serait ridicule & très inutile de vouloir réformer ce consentement universel, ce prix, cette valeur que toutes les nations lui accordent généralement. Il ne s'agit plus d'imaginer ce qu'étaient les Sociétés dans leur naissance, mais seulement ce qu'elles sont aujourd'hui ; je veux dire que même en voulant former une Société nouvelle, il faudrait se conformer aux idées reçues des autres, ou transporter ce nouveau peuple dans une isle déserte. Les besoins nous prescrivent des loix, qu'il faut suivre ; j'entends par

par besoins, ceux de tous les hommes, tels qu'ils sont à présent, & qu'il serait impossible de renvoyer à l'état prétendu de pure nature. La constitution actuelle des nations les met toutes dans une liaison mutuelle, dans une dépendance réciproque, dont l'argent forme la chaîne : il est le lien principal, le moyen le plus prompt, l'agent le plus sûr de toutes les opérations de pays à pays; dès lors il est richesse premiere pour les Souverains; il est aussi richesse pour les sujets relativement aux revenus de l'Etat, & enfin de conséquence en conséquence, l'on sent qu'il est nécessairement richesse premiere de sujet à sujet. Je répete donc qu'en considérant les choses dans l'état, où elles sont, l'or & l'argent sont la premiere richesse & peut-être la seule; car tout le reste ne sert que de moyens pour se procurer celle-ci.

PEUT-ETRE ne nous entendons nous pas sur le terme de richesse : veut-on donner ce nom à tout ce qui satisfait nos besoins? Un enfant, dont la nourrice aurait beaucoup de lait, serait fort riche; tous les animaux seraient plus riches que nous. Un homme malade, ayant en profusion toute sorte de biens, serait très pauvre dès qu'il n'aurait pas le remede à son mal, dès qu'il ne pourrait pas satisfaire le besoin du moment. Veut-on distinguer les différentes especes de besoins, mais pour lors il y aura autant de ſortes de richeſſes, que nous avons de différens deſirs. Toutes ces idées ne déſignent que des richeſſes relatives : & ſi l'on n'admet point de richeſſes poſitives, un Roy au milieu des tréſors & de l'abondance, ſera moins riche dans pluſieurs cas, que le dernier mendiant de ſes états. Si l'on veut donner le pas aux choſes qui ſe conſomment ſur les moyens de ſe les procurer, un boulanger ſerait plus riche au milieu de ſa boutique, qu'un banquier au milieu de pluſieurs coffres d'or.

VEUT-ON diſtinguer la poſſeſſion des choſes d'avec leur conſommation; mais à force d'imaginer des vaines ſubtilités là deſſus, l'on parviendrait à ne plus s'entendre du tout. Pour aſſigner aux choſes leur véritable prix & donner aux termes, leur ſignification propre, il faut diſtinguer leurs différens rapports : ainſi les productions de la terre devraient être conſidérées relativement aux mains, dans leſquelles elles ſe trouvent : je veux dire que les grains regardés comme conſommation, comme objet de néceſſité, comme ſoutien indiſpenſable de la vie, ſont un effet d'un prix indéfini ; ainſi toute matiere, dans le tems qu'elle ſatisfait nos beſoins, ne devrait point ſe nommer richeſſe. Un laboureur, qui n'a préciſément que ce qui lui eſt néceſſaire pour vivre, n'eſt pas riche, ſes denrées ne deviennent richeſſes pour lui, que lorſque elles excedent ses besoins, c'est-à-dire dès qu'il est le maître d'en disposer sans se nuire. Ainsi les grains & autres productions de l'agriculture, étant envisagées comme marchandise, comme matiere commerçable, sont véritablement richesses; & dans ce sens le vin que l'on boit n'est pas plus richesse, que l'eau que l'on boit aussi: Ils satisfont tous les deux le même besoin, & l'on ne les emploie l'un & l'autre que pour étancher sa soif; en les vendant ils peuvent devenir richesse l'un & l'autre, & il y a mille circonstances où l'eau a été plus chere que le meilleur vin. Je vais tâcher de m'expliquer: il y a une grande différence entre les choses que l'on consomme & les moyens qu'on emploie pour se les procurer; il semble plus naturel de nommer richesse, l'abondance ou la possession des moyens propres à se procurer les choses qu'on desire: dans ce sens la jouissance n'est pas richesse, mais l'effet des richesses; car je demande: un homme obligé de se nourrir pour soutenir sa vie, est-il riche au moment qu'il mange, ou au moment qu'il achete sa nourriture? c'est au pouvoir de se procurer tout ce qui satisfait les plaisirs ou les besoins, c'est à la quantité des moyens qu'on en a, qu'on a constamment attribué le nom de richesses. Je conviens qu'il parait d'abord bien singulier, que la valeur idéale, imaginaire même de l'argent, doive être une faveur absolue & supérieure à toutes les autres; c'est cependant ce qu'ont occasionné nos besoins & ce qu'ont formé nos conventions. Je répete donc qu'un agriculteur n'est point riche de cette portion de grains, dont il a besoin pour lui même, que ce n'est que son superflu, que les seules productions, qu'il peut commercer, qui doivent avoir le nom de richesses.

A ne considérer l'homme que physiquement, il n'aura que des besoins physiques, mais pour lors ce sera tout le contraire de ce qu'il est en société; il ne devra reconnoître en cet état aucunes richesses, où s'il pouvait donner ce nom à quelque chose ce ne pourrait être qu'à ce qui lui procure son entretien: l'animal étant nourri, il peut faire digestion, s'abandonner au sommeil, puis recommencer à manger, & ainsi de suite; il ne connaîtra rien, hors du cercle étroit des fonctions animales; c'est là où se borneront ses besoins & ses desirs: dans cette supposition, le métier de boulanger, semble le premier de tous, ou plutôt le seul nécessaire après l'agriculture. Tout cela est chimérique; car sans aller plus loin que les besoins de l'agriculture, ils exigent, comme nous l'avons dit, quantité de secours nécessaires & indispensables, que d'autres arts doivent lui procurer.

L'HOMME est heureusement dans un état bien

différent. Nos connaiſſances multipliées, qui s'étendent même tous les jours, ſont employées à nous procurer des aiſances, à ſatisfaire de nouveaux deſirs, à inventer de nouveaux plaiſirs, qui ſont devenus des beſoins nouveaux. Et plus ces beſoins, dont les miſantropes ſe plaignent, ſe ſont multipliés, plus notre bonheur s'eſt accru. Oui, nous avons étendu notre exiſtence, en augmentant nos jouiſſances, & plus nous nous éloignons de l'état d'un automate & de la condition des ſauvages, plus nous ſommes heureux; car je crois tout bonnement que le bonheur conſiſte dans une plus grande quantité de plaiſirs; ceux qui le placent dans l'abſence de la douleur, dans la privation des maux, font d'une ſtatue de marbre, ou de bronze, l' êre le plus heureux qu'il ſoit poſſible. C'eſt en rafinant nos ſenſations, que nous devenons ſusceptibles de nouveaux plaiſirs; nous nous formons des gouts nouveaux, des ſentimens inconnus aux ſauvages. Les Epicuriens avaient en ceci une délicateſſe, qui eſt hors de notre portée; j'entends les Epicuriens tels qu'ils étaient en effet & non pas tels qu'on les accuſe aujourdhui injuſtement & ridiculement d'avoir été; ſans avoir la force de pouvoir placer comme eux la volupté dans la douleur, je regarde toutes nos peines & tous nos beſoins, comme autant d'acheminemens aux plaisirs, du moins je ne connais aucun de ceux-ci qui ne prenne sa source dans ceux-là; mais revenons.

TANDIS que l'opinion, le luxe & la volupté créaient de nouveaux besoins pour la Société, la politique en créait aussi pour l'Etat: l'or & l'argent, étant de tous les moyens le plus général pour satisfaire à tout, ils sont donc devenus de premiere nécessité pour les sociétés & pour les particuliers. Ceux-ci se trouvant obligés de concourir au maintien, à la gloire & à la défense de l'Etat, doivent payer une puissance tutelaire: les sujets sont donc ceux, qui forment cette masse de richesses, qui doivent conserver la nation au dedans & la défendre au dehors. L'on voit donc que cet or & cet argent, même dans le sistême de M. Merc. doivent sortir des mains des particuliers, pour payer l'impôt; ainsi pour se procurer cet argent, chacun doit tout sacrifier, tout vendre, tout engager: voilà comment l'impôt, étant d'une nécessité indispensable, la matiere, qui doit le former, devient d'une nécessité tout aussi indispensable: l'argent est donc placé au premier rang par la nature de l'impôt, indépendamment de sa supériorité dans le commerce & dans toutes les autres opérations humaines: de là, chaque particulier se trouvant forcé d'échanger ses vins & ses bleds contre l'argent qu'il eſt obligé de fournir, le commerce devient d'une premiere néceſſité pour tous les membres de la Société : les beſoins de l'Etat commandent impérieuſement, la loi eſt pour tous, il n'y a pas à conteſter là-deſſus.

La Société politique a des droits, des privileges, des avantages, elle a par conſéquent des devoirs, c'eſt un ſentiment admis par M. Merc. Chacun de ſes membres a auſſi des droits, & il les perd, dès qu'il ſe ſouſtrait à ſes devoirs : il n'eſt plus dans la Société, dès qu'il ne paie plus d'impôt. Suivant la conſéquence de l'ordre propoſé par l'auteur, à peine la centieme partie de la nation auroit-elle des devoirs : ſi les agriculteurs ſeuls devaient payer l'impôt, tous les autres ſujets, ne payant rien, n'auraient aucun droit & la Société ſerait réduite au petit nombre des laboureurs.

La République de Platon, l'Eutopie de Thomas Morus, les rêveriers de Gaudence & mille autres projets d'imagination, ſont comme ces prétendues hordes de laboureurs & de bergers du ſiecle d'or. Agréables chimeres, qui bornent autant les plaiſirs des hommes, que leurs beſoins! chimeres, que la politique a bannies pour jamais de la ſurface de la terre.

L'Etat eſt puiſſant, riche & heureux en proportion de ſes revenus : quoiqu'il y ait quantité d'autres objets qui concourent à ſa puiſſance, nous n'enviſageons ici que ſes revenus, parce que c'eſt l'impôt, dont il eſt queſtion : nous diſons donc que les revenus d'une nation peuvent être conſidérés comme la maſſe, la ſomme des contributions de tous les particuliers ; d'où il ſuit clairement que ſi l'agriculture ſeule paie l'impôt, tout le reſte de la nation, ne contribue point aux revenus de l'Etat. L'on taxera donc par préférence cette ſeule claſſe d'hommes, qui, ſuivant la nouvelle Science, ſont les plus néceſſaires à la Société, tandis que ſuivant les mêmes principes, il ne faudrait s'occuper qu'à enrichir les cultivateurs ; car, dit M. Merc. plus ils auront, plus l'agriculture fleurira, plus les productions des terres ſeront abondantes, plus l'Etat ſera puiſſant, plus... & tant d'autres conſéquences qu'il tire. Donc, ſuivant lui, ce ſerait préciſément ceux là, qui devraient être exempts d'impôts. Je ſais qu'il prétend, pour ſauver cette injuſtice, que c'eſt la terre, qui paie l'impôt & non pas celui qui la poſſede : nous verrons l'illuſion d'une aſſertion ſi révoltante, en parlant de l'impôt.

MAIS conſidérons les membres d'une nation, comme ayant tous le même interêt à la ſoutenir, le même devoir à ſatisfaire une puiſſance tutelaire, la même obligation de former ſes revenus, tous devront naturellement contribuer leur portion de l'impôt; mais par opposition au système de M. Merc., mettons un impôt unique sur le commerce: tout est de ce département, les productions du pays acquierent par son secours, une valeur plus considérable, ou plutôt sans le commerce, elles ne feraient que deux ou trois pas: le superflu de celui, qui vend ses denrées & le besoin de celui, qui les achete, formeraient toute leur circulation; ainsi le bled moulu, pêtri, & mangé, voilà son cercle fini; il a passé, tout au plus, dans trois ou quatre mains, d'où l'on voit que la circulation des especes, en est à peine ébranlée & qu'un Etat qui n'aurait que cette seule ressource ferait, dans la langueur la plus léthargique, c'est-à-dire dans une affreuse misere.

Le Commerce donnant donc aux denrées, le plus de valeur possible, il apporte par conséquent un crédit à l'agriculture, qu'elle n'aurait jamais sans lui; l'on peut, comme nous l'avons dit, envisager le produit annuel des terres, comme marchandises, & pour lors les denrées se trouvant confondues avec toutes les autres matieres, que le commerce embrasse, l'agriculture devient un art, en concurrence avec tous les autres, qui fournissent au commerce leur contingent. Si les denrées ont l'avantage de se réproduire toutes les années, cela ne regarde que le propriétaire, auquel elles appartiennent; car peu importe au reste de la nation, si le bled que mange un particulier, est venu de Dantzik, ou s'il est crû dans la terre d'un régnicole, ce particulier qui l'achete, doit toujours le payer, le même prix.

J'AJOUTERAI même que le propriétaire foncier, n'a pas plus d'avantages, sur ce nouveau produit annuel, qu'il n'en retirerait des autres arts, des manufactures, ou du commerce; puisque ses récoltes ne sont pour lui que l'interêt de l'argent qu'il a placé sur les terres, & qu'enfin l'on doit mettre en parallele les dépenses foncieres & courantes de l'agriculture, avec celles de tous les autres arts.

J'ENTENDS ici les exclamations des défenseurs du nouveau Systême; écoutons les un moment: ne faut-il pas être hors de bon sens, diront-ils, pour ne pas voir combien il est plus avantageux, plus utile, plus précieux à un pays, d'avoir chez lui toutes ses productions, que d'être obligé de les aller chercher ailleurs? Des propositions semblables, envisagées positivement & sans aucunes rélations, sont si évidentes, qu'il serait très ridicule de les contester; mais ce n'est pas ce dont il s'agit ici: il vaut sans doute mieux avoir que ne pas avoir; toute privation est un désavantage réel, celle des matieres les plus nécessaires à la vie sera même une des plus désavantageuſes; mais il eſt presque auſſi ridicule de ſoutenir que dès qu'on a ces matieres en abondance, l'on a le plus grand bonheur poſſible, la plus grande richeſſe poſſible, la plus grande puiſſance possible..... Si vous voulez aprécier les choſes ſans partialité, vous direz que la nation qui a du bled, peut ſatisfaire un beſoin, & que celle, qui a de l'argent peut en ſatisfaire cent mille, peut les ſatisfaire tous. Je demande laquelle des deux eſt dans la dépendance de l'autre? Tandis que je conviendrai que les riches auront beſoin du bled, pour ſe nourrir, vous devrez convenir en même tems que les propriétaires des denrées auront beſoin de l'argent pour cent mille autres objets: ces deux nations ſeront donc dans la dépendance l'une de l'autre; & pour évaluer cette dépendance il faudra convenir de l'avantage de cent mille contre un. Les Sauvages pourraient peut être nier cette conſéquence, mais cela eſt interdit aux peuples policés.

Entrons dans des plus grands détails: l'on retire de ſon propre pays toutes les denrées néceſſaires à la ſubſiſtance animale des habitans, cela eſt d'abord aſſez commode, à ce qu'il paraît; cependant pour en convenir excluſivement, il faudrait comparer les peines, les fatigues des laboureurs, qui ont procuré ces denrées, avec les peines & les fatigues de ceux qui les iraient chercher plus loin ; puis mettre en parallele les dangers du commerce, la chereté des grains, les hazards des mers, avec les dangers de la grêle, la chereté des semences, les hazards des saisons, des sécheresses, des inondations.... Avançons : tous ceux, qui travaillent à la terre sont des ouvriers, tous leurs gains sont & doivent être le salaire de leurs ouvrages, & dans ce sens, ils vont de niveau, avec tous les autres ouvriers : ceux que le Commerce emploie, les manufacturiers, les fabriquans, les voituriers & autres ont de même leur salaire ; ainsi l'avantage prétendu de l'agriculture ne regarde pas les agriculteurs ; car cette famille de paysans, voyant qu'elle gagnait plus dans votre fabrique, que dans la ferme de votre voisin, elle a abandonné les travaux de l'agriculture, pour travailler à vos métiers. L'Etat de tous les laboureurs, est donc en proportion avec les ouvriers de tous les autres arts ; l'agriculture ne procure à ceux qui l'exercent, que leur salaire, avec cette facheuse différence qu'ils sont moins récompensés ; voilà donc, que les propriétaires fonciers, comme les propriétaires des fabriques profitent seuls des travaux de leurs ouvriers ; mais, comme nous l'avons dit, le propriétaire foncier, avant de rien tirer de sa terre, avant de percevoir le fruit des travaux de ses laboureurs, a payé pour acheter cette terre & pour la mettre en état de produire, a placé, dis-je, un capital, dont tous les labeürs de l'agriculture ne lui raportent que l'intérêt, même au plus bas prix. Les défenseurs de la Science nouvelle ne veulent pas voir une chose si claire; cependant ce fabriquant qu'ils méprisent, n'a mis dans ses manufactures qu'un fond égal, il emploie & nourrit beaucoup plus d'ouvriers que l'agriculture, & les paie beaucoup mieux ; il résulte de leurs operations, que le propriétaire foncier vit & continue à vivre toutes les années sans s'enrichir, mais que le frabriquant double en peu de tems son Capital, en nourrissant bien plus de monde.

Avant de quitter la classe des laboureurs, examinons si leur état, si leur condition pourrait devenir aussi avantageuse, que celle des autres ouvriers. Ceux, qui ont l'ame aussi généreuse, & des sentimens aussi humains que M. Merc. devraient sans doute s'occuper, comme lui, de cet objet: que ne devons-nous pas à ceux qui nous nourrissent? mais helas ! l'on ne pourra jamais changer la dureté de leur métier; tandis que ceux qui s'occupent aux autres arts sont tranquillement dans des maisons, les agriculteurs sont sans cesse en plein air, exposés à toute l'ardeur du soleil... l'on ne pourrait rien faire pour eux, qu'augmenter leur salaire: ce qui est presque impossible, comme nous le verrons bientôt.

Examinons la population: elle s'étend dans les campagnes, il est vrai; mais parcourez une ville commerçante: conduisez les défenseurs de la Science nouvelle, dans le quartier des fabriques; ils appercevront des pépinieres d'enfans, depuis le bas des maisons jusqu'aux greniers; une seule rue leur présentera plus de population, qu'ils n'en pourront rassembler dans huit ou dix lieues de campagne: il y a dans les manufactures des bâtimens seuls, où les enfans sont en plus grand nombre, que dans tout un village. La vérité des faits refuse à l'agriculture l'avantage exclusif de la population; cette même vérité combat un entousiasme révoltant. S'il ne s'agissait que d'entasser des argumens, l'on en pourrait faire, pour toute sorte de paradoxes.

Quels sont donc les avantages du produit des terres? Nous avons vû qu'ils ne regardent pas les laboureurs, ils ne sont pas fort considérables non plus pour les propriétaires fonciers; car s'ils veulent augmenter leur revenus, il faudra qu'ils multiplient leurs dépenses d'agriculture; ces dépenses sont très bien détaillées dans l'ouvrage de M. Merc. Mais supposant qu'ils retirassent des gros bénéfices, ce qui n'eſt pas, il s'enſuivrait que les avantages de l'agriculture ne ſeraient que pour la millieme partie de la nation. Combien en voit-on qui s'enrichiſſent ? & tandis que les ouvriers de tous les arts amaſſent une petite fortune, les laboureurs ont peine à ſe ſoutenir annuellement. Il ſerait très louable de pouvoir les rendre heureux; mais cela ne ſe peut pas, dans la valeur actuelle des choſes. Ces richeſſes phyſiques ſi néceſſaires à la vie, les grains ſont au-deſſous du prix de tous les autres objets de beſoin, de luxe & de plaiſirs. Il faudrait donc bouleverſer toutes les conventions, pour augmenter le ſalaire des agriculteurs ; en un mot rien n'eſt plus vrai que leur miſere & la difficulté de la faire ceſſer; il eſt bien ſûr du moins, que ce n'eſt pas en leur donnant excluſivement toute la charge des impôts qu'on parviendra à les rendre plus riches.

En augmentant l'abondance, ce qui ſemble être l'objet principal de la ſcience nouvelle, la condition des agriculteurs deviendrait encore plus facheuſe, puiſqu'il eſt très certain, que jamais ils ne vendent moins, ni à moindre prix que lorſque tout le monde eſt abondamment pourvu; ainſi tandis que leurs charges ſeraient plus fortes, ou du moins les mêmes, leurs productions exigeraient plus de travaux & diminueraient de valeur. La consommation a des bornes & l'excédant ne peut être utile que par l'exportation. Le système nouveau, si peu porté pour le commerce, rend donc la condition de l'agriculture plus désavantageuse, soit par l'impôt dont il l'accable, soit par le commerce, dont il la prive. Ainsi donc le sort des laboureurs devenant plus malheureux, celui des propriétaires fonciers n'augmentant qu'en raison des fonds nouveaux & des dépenses qu'ils font, il faudra conclure nécessairement qu'en suivant le système de la science nouvelle, les avantages de l'agriculture n'égalent pas ceux des autres arts, rélativement aux particuliers ; il ne reste qu'à examiner si ceux qu'elle procure à l'Etat méritent autant ou plus de considération, que ceux des arts & du commerce.

NOUS avons déja dit, que l'Etat ayant chez lui ses besoins, n'est pas obligé d'exporter son argent, pour cet article ; de plus il paraît que le produit annuel des terres se renouvellant chaque année, doit avoir l'avantage sur tout ce qui ne se réproduit pas : dans ce sens le produit des mines de toute espece, a le même avantage d'une réproduction continuelle, avec cette différence que l'exploitation des mines & les métaux qu'elle produit auront une supériorité infinie dans les sociétés politiques ; mais

sup-

supposons à l'agriculture l'avantage exclusif de créer chaque année de nouvelles richesses, que s'ensuit-il?

I°. Ces richesses, qui sont chaque année reproduites sont aussi chaque année consommées de façon qu'il n'en résulte pas une augmentation de richesses parmanentes, telles que sont les métaux & mille especes de marchandises. La plus grande abondance possible n'accroît pas l'argent d'une nation; & sans le commerce, l'on pourrait accumuler mille millions de magasins de bled, sans que l'Etat en devînt, d'un petit degré, ni plus riche, ni plus puissant, ni plus heureux. L'on sent ici le besoin du commerce, & c'est se mettre dans la dépendance des acheteurs. Toutes les productions de l'abondance, ne peuvent être qu'en concurrence avec tout ce que le commerce transporte; s'il y a quelque différence entre les denrées & les autres matieres commerçables, nous verrons bientôt qu'elle est presque toute au désavantage du produit de l'agriculture. L'on répete inutilement que les bleds, les fruits, les vins se reproduisent; qu'importe à ceux qui les achetent, puisque, comme nous l'avons dit, ils sont obligés de les payer un tant, soit qu'on les ait recueillis autour de leur ville ou dans un Etat étranger. Cette reproduction étant donc très indifférente pour l'acheteur, ne peut affecter que le vendeur ;mais le vendeur n'a en ſe défaiſant de ſes grains, que le revenu de l'argent qu'il a appliqué ſur ſes terres, la reproduction lui eſt donc indifférente ; car il pouvait par ſes mêmes fonds ſe procurer du bled étranger, & le vendre de même, l'avange de cette reproduction devrait donc être pour l'Etat.

II. Si toutes ces productions que donne un agriculture floriſſante, ne peuvent être conſommées au dedans ni échangées au dehors, ce qui arriverait infalliblement de l'abondance d'un côte & de la privation du commerce de l'autre, pour lors elles reſteraient inutiles aux laboureurs, aux propriétaires & à l'Etat. Regardez-les, ſi vous voulez, comme des reſſources, des proviſions pour l'avenir; elles continueront à être inutiles, tant que l'agriculture continuerá à procurer l'abondance; il faut donc convenir que ces proviſions ſont comme les magaſins de toute autre marchandiſe, toujours dans la dépendance du commerce. Donc, leur valeur ſera évaluée en raiſon de l'avantage, que le commerce pourra en retirer; donc elles pourront être abandonnées par ce même commerce, tant qu'il y aura d'autres objets, dont il recueillera plus de profit. Combien de conſéquences ſuivent de ces vérités?

Mais, dira-t-on toujours, l'on ne peut mettre en

parallele une matiere de premiere néceſſité, qui ſoutient la vie & ſans laquelle toute la nation périrait, avec d'autres matieres quelconques ; les beſoins phyſiques renaiſſans toujours, donnent un prix néceſſaire aux denrées, tandis que tout autre objet n'a qu'une valeur idéale, paſſagere & ſans néceſſité. Cette obſervation, toute vraie qu'elle paraiſſe, ne donne cependant l'excluſion à rien : l'on aura beau dire que le bled étant la marchandiſe la plus eſſentielle & la plus néceſſaire au ſoutien de la vie, doit être la plus précieuſe & la plus chere ; l'expérience dit le contraire : le plus grand nombre des autres objets de commerce ſont à un prix beaucoup plus haut. Ce fait ſi conſtant, ſi général, devrait faire quelque ſenſation dans l'eſprit de ceux, qui frappés de la néceſſité phyſique de notre ſubſiſtance, n'enviſagent qu'elle, dans tout le cours des opérations politiques des Sociétés, tandis que la politique ne s'en occupe presque pas.

Pour bien s'entendre, il faudrait ſans doute convenir de la ſignification du mot *politique*. Nous ne devons l'enviſager ici, que comme l'interêt des Sociétés ; ainſi toutes les démarches, toutes les loix, tous les uſages établis pour le ſoutien de la nation, toutes les opérations dictées pour l'avantage général, feront la politique, dont il s'agit à préſent ; c'eſt-à-dire qu'elle eſt ici conſidérée comme indépendante des rélations de l'Etat avec l'étranger.

Il femble d'abord que ne pouvant fe procurer fa fubfiftance dans fon propre pays, cela mette une nation dans la dépendance de toutes celles, qui abondent en grains. Cette dépendance eft réelle; mais elle eft réciproque. 1°. Il n'y a aucune nation, qui n'ait befoin d'une autre, dans l'état où le luxe, les ufages & la politique ont mis toutes les Sociétés; ainfi qu'on ait, ou qu'on n'ait point d'agriculture, cette dépendance exiftera toujours néceffairement: les pays les plus abondans, comme les plus ftériles, auront toujours befoin de leurs voifins pour cent objets différens: le commerce vient à leur fecours & les raproche tous. Vouloir fe paffer de tous les autres peuples de l'univers eft une prétention, que nos ufages, les guerres, le luxe & les paffions des hommes feraient bientôt évanouir, fi la nature ne l'avait déja prévenue, en diftribuant de toutes parts des bienfaits différens: un obfervateur exact, un naturalifte trouve des particularités, des variétés infinies d'une lieue à l'autre. 2°. Si cependant il arrivait que la nation abondante en productions, pût s'obftiner à les garder & qu'elle refufât conftamment les reffources néceffaires à la fubfiftance de celle qui ferait en difette, ce qui eft le cas le plus défavantageux, qu'en arriverrait-il? la nation, qui ne se défait pas de son superflu, se prive de la richesse qu'elle aurait eue en échange & celle qui a besoin de bled éprouve le désagrément de chercher à se pourvoir ailleurs. Ces recherches sont communes à tous les peuples, car si celle-ci manque de grains, celles-là manquent de mille autres choses : oui, direz-vous, quand ces mille choses manqueraient, à peine en souffrira-t-on, tandis que la privation des bleds cause la famine, & que la famine cause la mort de tout un peuple : il ne faut pas se faire illusion sur nos nécessités ; observons que si le cas de disette que nous venons de décrire est le plus malheureux, qu'il soit possible, il l'est plus particuliérement pour une nation agricole, que pour un pays stérile ; écoutez bien : si le malheur des guerres, des saisons ; si une année de sécheresse ou de pluies trop fréquentes fait manquer la récolte d'un peuple laboureur, il ignore les ressources, il n'a pas les moyens, il ne peut y suppléer ; ne s'étant jamais occupé de ces moyens, qu'il a cru lui être inutiles, il ne sait où recourir. Mais un pays accoutumé à se pourvoir chez les autres, des productions que son sol lui refuse, n'est jamais embarrassé ; il a les greniers du bout du monde à l'autre à la disposition de son argent ; d'ailleurs il est toujours pourvu des provisions, que la prudence lui suggere, ce dont ne s'occupe pas un pays, où regne l'agriculture. Ainſi donc ce cas malheureux de famine n'eſt pas dangereux pour un Etat commerçant, mais il eſt mortel & ſans reſſource dans un pays accoutumé à l'abondance des productions de la terre.

Un homme, qui a de quoi boire & manger, peut encore être le plus malheureux des hommes: quelle foule de beſoins ſe préſentent; ils commandent presque tous impérieuſement; répéterons-nous, qu'il doit être logé? il faut des maiſons, des charpentiers, des maçons, des ſerruriers, des vitriers..... il a beſoin de meubles, de lits, d'habillemens, de chapeaux..... quelle multitude d'ouvriers, quelle quantité de diverſes marchandiſes n'exigent pas néceſſairement ces premiers articles? Ses infirmités, ſa vieilleſſe demandent d'autres ſecours: les médicamens, les inſtrumens de chirurgie deviennent de premiere neceſſité; combien de préparations chimiques, ou de pharmacie, combien d'artiſtes..... ſans l'aſſiſtance des uns, & le ſecours des autres, il ſoufre cruellement, il languit, il meurt; voilà déja une multitude d'objets auſſi néceſſaires au ſoutien phyſique que les productions de l'agriculture.

A meſure que nous nous éloignons de l'état de barbarie, où nous ſerions confondus avec les autres animaux, nous avons dit combien nos connaiſſances nous procurent de nouveaux plaiſirs, qui commandent dans la ſuite: les objets qui doivent les ſatisfaire, deviennent de néceſſité. Notre ame a beſoin d'alimens comme notre corps, mais ils ſont de toute autre nature, & nous avons beaucoup plus de peine à la raſſaſier. Lorsqu'on lui refuſe les ſecours, dont elle a beſoin, elle reſſent toutes les douleurs de l'ennui: faim cruelle, plus difficile à ſatisfaire, que celle de l'animal. L'habitude enſuite, rend tout néceſſaire: par elle, les choſes les plus rares & ſouvent les plus mauvaiſes, deviennent de néceſſité; nos nouveaux beſoins, tout factices qu'ils ſont, demandent avec autant de force, que ceux de la nature. Les ſecours de l'agriculture ſont ici confondus, avec ceux de tous les autres arts: les productions des pays étrangers ſont même celles, auxquelles le goût ou la fantaiſie, le luxe ou la mode donnent un plus grand prix; & dès que notre ame eſt une fois montée ſur ce ton, cette valeur extrinſeque, que le caprice donne à des matieres frivoles, devient valeur néceſſaire. Accoutumés aux aiſances, aux douceurs que nous procurent tant d'objets exotiques, nous ne pouvons plus nous en paſſer. Ces néceſſités, ces beſoins ont fait du commerce une chaîne, qui lie tous les pays les uns aux autres: l'échange a rendu tout commun. Ici ſe perdent néceſſairement les prétentions de l'agriculture.

Mettons à préſent l'induſtrie en parallele avec les productions : que ſeraient celles-ci ſans celle-là ? elle leur donne un nouveau prix, en créant une nouvelle utilité ? L'on pourrait presque dire que toutes les choſes qui ont quelque valeur, ne l'ont qu'en raiſon de leur préparation : les matieres bruttes ſont à très bas prix ; & ſi l'on en excepte les pierres precieuſes & les métaux, le ſalaire ou la valeur de la main d'œuvre eſt presque toujours ſupérieur à l'objet travaillé ; l'induſtrie fait donc une richeſſe pour les ouvriers, pour ceux qui achetent les marchandiſes & pour ceux qui les conſomment. Le prix de chaque ouvrage eſt autant de néceſſité que de convention : la valeur d'une piece de toile, étant dans tout l'univers beaucoup ſupérieure à celle d'un paquet de lin, d'un fagot de chanvre ou d'un balot de cotton, il s'enſuit que la valeur de l'induſtrie eſt réelle, phyſique & néceſſaire. Celui qui a cette piece de toile eſt plus riche parconſéquent, que celui qui n'a qu'un paquet de lin, puisqu'il peut faire contre de l'argent, contre les productions de l'agriculture, & enfin contre toute marchandiſe, un échange beaucoup plus conſidérable.

Je m'appeſantis trop ſans doute ſur des vérités auſſi triviales ; mais l'on ne veut pas voir que la main d'œuvre, que la manipulation, la fabrication & autres donnent une valeur, produiſent une richeſſe, augmentent le prix des choſes, bien davantage que les ſoins de l'agriculture n'augmentent le prix & la valeur des ſemences, qu'elle emploie; que ce prix & cette valeur ſont ce qu'on nomme richeſſes, & que ſans prix & ſans valeur, il n'y a point de richeſſes. D'où il eſt de la plus grande évidence, que le produit de tous les arts forme une des vraies richeſſes & peut-être la principale.

D'OU vient ne veut-on pas laiſſer chaque choſe à ſa place? Sans les arts, les productions de l'agriculture ne pouvant être conſommées, pour la plupart, ne ſont d'aucun prix; ſans le commerce, elles reſtent ſans débit, ſans circulation. En admettant cette dépendance ſi néceſſaire, l'agriculture reprend ſa juſte valeur: l'on voit qu'elle augmente les ſemences qu'elle emploie & qu'elle fournit des matieres à pluſieurs arts; ceux-ci les rendent propres à nos uſages & le commerce, en les échangeant, en forme de véritables richeſſes. Ces trois branches s'aident & ſe ſoutiennent mutuellement, leur réunion donne à tout, l'activité & la vie, & c'eſt à leurs ſecours réciproques qu'eſt due la valeur de toutes les matieres: vouloir en retrancher une, c'eſt tomber dans le cas de la fable des membres contre l'eſtomac. Enſin ſi l'une d'elles pouvait ſe paſſer des deux autres, ce ſerait, ſans contredit, le commerce ; le bon ſens & ſurtout l'expérience démontrent qu'il peut leur donner la loi. L'éloignement des provinces, la diſette des grains, la différence des climats, ne ſont plus comptés pour rien, dès qu'on a le commerce: nos vaisſeaux réuniſſent le nouveau monde à l'ancien; toutes les productions de l'univers ſont un flux & reflux, qui les diſtribue partout; cette circulation laiſſe ignorer aux peuples, ſi le ſucre & le caffé naiſſent parmi les choux du village voiſin, ſi l'huile d'olive & le géroſle ſont produits du même champ, l'abondance regne même au delà des beſoins &, ce que j'invite les partiſans de la nouvelle ſcience à bien obſerver, c'eſt que la morue, qu'on pêche à grands fraix auprès du banc de Terre-neuve, coute infiniment moins, que la truite, qu'on a pêchée ce matin, dans le ruiſſeau voiſin, & votre revendeuſe vous vend bien plus chérement une pêche, qui eſt crûe ſous vos yeux, qu'un marchand ne vous vendra une orange, qui viendra de trois ou quatre cents lieues.

Parcourez mille articles étrangers, comparez-les au produit de votre agriculture, & vous trouverez, que ce ſeul cas, où l'on devait ſoupçonner tout l'avantage du coté des productions de vos terres, eſt tout à l'avantage du commerce, qui raproche tout. Le commerçant vous offre du bled à plus bas prix, que l'agriculteur; il vous en offre de plusieurs eſpeces à choiſir; il vous en offre enfin la plus grande quantité, que vous puiſſiez lui en demander.

Ceux qui veulent augmenter les difficultés du commerce & diminuer ſes avantages, diſent qu'il faut des gros fonds pour commercer. Et n'en faut-il pas pour l'agriculture? Si le laboureur par ſon argent, par ſes travaux, par ſes ſemailles procure de nouvelles matieres, le commerce en produit de toute eſpece, de tout pays & pour tous les beſoins.

Ainsi la néceſſité des fonds &c. des travaux étant ſuppoſée égale & les avantages étant tous en faveur du commerce, il ſemble que l'entouſiasme pour l'agriculture devrait diminuer; je dis que la néceſſité étant ſuppoſée la même, ce qui n'eſt pas toujours; car un commerçant peut par ſon crédit raſſembler des productions abondantes de tous les pays du monde, ſans débourſer un ſou, tandis que tout le crédit des agriculteurs & des propriétaires fonciers, ne fera pas produire un epi ſans les ſemences, les travaux & les fonds neceſſaires.

Nous avons mis les arts & l'induſtrie, nous avons mis la population & le commerce en oppoſition à l'agriculture, examinons à préſent la conſommation: les négocians, attentifs aux beſoins de toute eſpece, prévoient toujours, pour leur propre intérêt, tous les cas de conſommation poſſibles; nous avons dit qu'un Etat commerçant n'éprouvera jamais ni diſette, ni famine, tandis que les pays où l'agriculture fleurit, peuvent eſſuyer des malheureux événemens & mourir de faim, s'ils ne ſont à portée d'implorer les ſecours du commerce. Quoique l'on ne doive pas imputer ces accidens à l'agriculture, il n'en eſt pas moins vrai qu'on y eſt expoſé & que les reſſources du commerce vous mettent à l'abri de ces craintes. Les produits des terres ne devant être comptés, qu'en proportion de l'uſage, qu'on en peut faire; cet uſage étant proportionné à la conſommation qui a des bornes, toutes les denrées poſſibles, au delà de ces bornes, doivent être regardées comme inutiles: chaque homme ne peut manger, qu'une certaine quantité de pain, le beſoin de nourriture fixe donc la conſommation; ainſi en évaluant la quantité qu'il en faut à chaque particulier, la nation ſaura qu'elle ne peut conſommer que telle quantité de denrées; tout le ſurplus, abſtraction faite du commerce, eſt de nulle valeur; d'où il ſuit que dans un pays d'agriculture tel que le forme M. Merc. chacun, ayant payé la valeur de cinq ou fix mefures de bled, plus ou moins, n'aurait plus rien à demander, ni à donner à l'agriculture: cette petite fomme étant une fois payée, aurait bientot terminé fa circulation, & dès lors la maffe générale de l'agriculture, qui fuivant le fiftême nouveau, devrait être la fomme de toutes les richeffes de l'Etat, ferait le prix de cinq ou fix mefures de bled, multiplié par le nombre des habitans. Ils difent que cette nation jouirait de la plus grande richeffe poffible..... Tous les habitans vivraient fans doute, mais l'Etat ferait mort. Telle eft le point de vue, que préfente un peuple, formé fur le modele de la nouvelle fcience.

N'ABANDONONS pas encore la confommation: fuppofons que le fyftême de M. Merc. foit exécuté, fuppofons lui tout le fuccès poffible: la population fera très abondante, elle s'augmentera dans la fuite, elle s'etendra toujours; dans les commencemens les terres mieux travaillées rapporteront davantage & nourriront leurs colons; mais le nombre des hommes augmentant toujours, comme le prétend la fcience nouvelle, & les terres ne pouvant ni fe multiplier, ni s'étendre, il faudra néceffairement que cette population fi defirée, fi précieufe dans un Etat commerçant, devienne dans un pays d'agriculteurs la caufe d'une défolation générale. Perfectionnez la culture des terres ; autant que l'imagination la plus vaste, pourra vous le permettre, la quantité des champs, des journeaux ou arpens de l'Etat est fixée ; le plus grand dégré de fertilité possible est fixé de même : que feront les défenseurs du nouveau systême, du double, du triple d'habitans, qui se multipliant sans cesse suivant leurs principes, ou mourront de faim, ou seront forcés de faire des incursions dans les pays voisins. Voilà le peuple de la science nouvelle réduit à la nécessité, ou d'être brigand, ou d'aller humblement offrir ses services aux nations, qui cultivent autre chose, que l'agriculture.

Je n'exagere rien : qu'on se rappelle ces essaims, ces hordes d'hommes, qui dans les siecles passés sont sortis du Nord, & ont inondé toute l'Europe à diverses reprises. Les Gots, les Visigots, les Huns, les Vandales..... & tant d'autres peuples, sur le nom desquels les auteurs ne sont pas d'accord, sont des exemples parlans des désavantages, que produit une abondante population, sans le secours du commerce. Les Chinois eux-mêmes, dont l'habileté & l'industrie sont autant un modele pour nous, que leur florissante agriculture, ressentent déjà tout le poids, tout l'embarras d'une trop grande multiplication d'hommes. Tant que leurs guerres avec les Tartares, diminuaient le nombre des habitans, ils n'avaient rien à craindre de la famine; mais depuis que les Manchoux ne forment plus qu'un même peuple avec eux, & que cette réunion les met à l'abri de l'incursion des autres Tartares, chaque année, les plus grands soins de leur police, n'ont pas d'objet plus pressant, que de prévenir la disette: ils sont presque parvenus, à ce degré dangereux & effrayant, où un vaisseau manquant de vivres, pese la petite portion de nourriture, qui se distribue à chaque matelot. Ce ne serait pas une prédiction trop hazardée de dire, que dans peu d'années, ils seront réduits à la nécessité de former des colonies & de forcer des émigrations. C'est ainsi que la plus sage législation a encore ses défauts.

Je le répete mille fois: tout est relatif; le commerce & les arts, sont autant nécessaires au soutien des Etats, que l'agriculture. C'est en reconnaissant leur dépendance mutuelle, c'est en les réunissant, qu'on peut former la puissance des Empires. J'ajouterai encore, qu'indépendamment des besoins de nourriture, qui se feraient bientôt sentir à un peuple d'agriculteurs trop multiplié, à quoi emploiraient les partisans de la nouvelle science, tant de bras que leur donnerait leur abondante population.

Ne proposer que l'agriculture à une nation,

c'eſt donner à ſa puiſſance, à ſes richeſſes..... les mêmes bornes, que celles des champs, qui ſont dans le territoire de cette nation. Dès que toutes ces terres auront été améliorées, vous calculerez leur plus grand produit, & vous aurez la ſomme de toutes les richeſſes, de toute la puiſſance de l'Etat. Cette puiſſance ſerait-elle la plus grande puiſſance poſſible, la plus grande richeſſe posſible?......

Un état commerçant ne connait point de bornes: la ville de Genève, qui n'a pour ainſi dire d'autres terres que ſes jardins, eſt floriſſante & plus riche, que la Staroſtie la plus fertile en productions d'agriculture. Il y a plus de richeſſes, plus d'abondance, plus de proviſions de toute espece dans la ſeule ville d'Amſterdam, que dans les trois quarts du Royaume de Pologne.

Le pays le plus reſſerré peut augmenter tous les jours ſon commerce, multiplier ſes fabriques, ſes manufactures & ſes vaiſſeaux; mais comment étendrez-vous les confins de l'agriculture?

L'Evidence de toutes ces vérités eſt ſi convaincante, ou pour me ſervir des termes de M. Merc. ſi deſpotique, qu'il faut lui céder & remettre chaque choſe à la place, dont on la voulait tirer; cette évidence dicte donc, que ce n'eſt pas l'al'agriculture, qui peut former la puiſſance & les richeſſes, qu'elle n'y peut contribuer que lorsque elle eſt aidée des arts & ſoutenue par le commerce, mais qu'au contraire le commerce ſeul peut donner la plus grande puiſſance poſſible, la plus grande abondance poſſible, les plus grandes richeſſes poſſibles.....

XXVI. Revenons. L'auteur reconnaît ici, comme malgré lui, l'utilité & la néceſſité des richeſſes-pécuniaires qu'il rejette en d'autres endroits de ſon ouvrage. *Il eſt d'une néceſſité phyſique*, dit-il, *que les richeſſes pécuniaires, ſtériles par elles-mêmes puiſſent ſe marier avec les richeſſes foncieres.* Il propoſe là un bon mariage pour les productions de l'agriculture, ſans doute, elles deviendront richeſſes ſi on leur donne des richeſſes. Mais qu'entend-il par *ſtérile?* rien au monde ne produit plus d'effets que l'argent. Veut-il dire qu'elles ne ſont-pas mangéables ; mais l'arbre le plus fécond, la terre la plus fertile, n'eſt pas mangeable non plus; ce ſont les productions qui conſtituent cette fertilité & leur privation qui fait la ſtérilité : demandez aux richeſſes pécuniaires tout ce qu'il vous plaira, s'il exiſte, elles vous le produiront bientôt.

Il ajoute que ſi l'impôt n'eſt pas fixe & immuable, il n'y a plus de propriété, plus de culture, plus de produit, plus d'impôt, plus de nation, plus de souveraineté. Admirez toujours l'entousiasme de ses conclusions, il veut exagérer sans cesse un mal, qui comme nous l'avons dit, est nécessaire. Personne ne pouvant prévoir les besoins auxquels l'Etat peut être exposé dans la suite, comment pourrait-on fixer un impôt, qui pût les satisfaire tous?

XXVII. Il veut qu'on écarte l'ignorance: suivant lui, les loix exigent l'aveu de chaque citoyen; le Souverain doit persuader & convaincre de leur bonté, avant de pouvoir obliger à les exécuter. Suivant ce même sentiment, chaque particulier est approbateur, & doit séparément donner la sanction aux loix.

Je dis *séparément*; parce que l'instruction étant personnelle, chacun doit être instruit de l'évidence de la loi, avant de devoir s'y soumettre; chacun a le droit de l'examiner, pour en constater la justice, sans quoi elles n'obligeraient pas. Nous avons vu combien d'abus naîtraient de cet examen: l'ignorance ou la bêtise des uns, la malice, ou l'intérêt des autres: il faudrait autant de miracles, que de loix, pour supposer un consentement général & unanime, qui constituerait leur essence; l'on peut dire que naturellement, il n'y aurait jamais de loix.

XXVIII. *L'Impôt* dit M. Merc., *ſur les perſonnes eſt néceſſairement arbitraire*: point du tout. Il peut être déterminé en plus juſte proportion que les autres, puisque les richeſſes des particuliers ſont abſolument & néceſſairement déterminées chaque année dans leurs livres. Il ne s'agirait que de faire payer cet impôt ſur ce qu'on a perçu; & non pas l'exiger au hazard d'un revenu futur.

XXIX. *Si l'on proſcrivait pour un moment l'argent :* nous ſerions comme les Sauvages de l'Amérique; ou comme nous étions peut-être, avant d'être policés, c'eſt-à-dire dans la plus profonde barbarie.

XXX. M. Merc. ſe plaint que *les vérités, qu'il annonce, quelque ſimples, quelque évidentes qu'elles ſoient, aient été perdues de vue, dans la politique, chez presque toutes les nations policées.* Il a raiſon: ces vérités n'ont jamais été vues, ni apperçues de perſonne; d'où l'on doit conclure, qu'elles n'ont point d'évidence; car tout le monde ſe ſerait ſoumis & les aurait reconnues.

Il ajoute qu'il eſt évident, qu'une nation fait une perte réelle ſur ſes revenus, quand ſes réproductions perdent de leur valeur en argent. Voilà donc, que ſuivant lui ce n'eſt plus la maſſe de ces réproductions, qui eſt richeſſe, mais leur valeur, mais l'argent. Il eſt facheux qu'il oublie en tant d'autres endroits cette vérité.

XXXI. Il continue ici ſes plaintes : *nous devons voir avec douleur*, dit-il, *que les hommes aient ſi longtems ignoré des vérités ſi ſimples, ſi précieuſes à tous les membres d'une Société.* Oui, jusqu'au moment où M. Merc. les a annoncées, tous les hommes ont ignoré ces précieuſes vérités depuis le commencement du monde ; & ce qu'il y a de plus douloureux encore, eſt qu'aujourd'hui qu'elles ſont annoncées, tous les hommes ne ſont pas diſpoſés à en reconnaître l'utilité, à en admettre l'évidence, ni même à en croire la réalité.

Le premier pas, dit-il, *pour rétablir les corps politiques dans leur Etat naturel, eſt de rendre publique la connaiſſance évidente des premiers principes du mal, & de l'ordre immuable dans lequel il faut aller puiſer les remedes, qu'on peut employer.*

N'eſt-ce pas nous renvoyer à l'arbre de la Science du bien & du mal, dans le jardin d'Edén? L'état de tout corps politique eſt un état artificiel, qui varie autant qu'il y a de circonſtances différentes, en un mot autant qu'il y a de corps politiques; chacun d'eux eſt encore ſujet à pluſieurs changemens, ſouvent d'une année à l'autre : vouvoir donner une regle générale, bonne pour les grandes nations & pour les petites, pour les îles & le continent, pour les montagnes & les côtes maritimes, enfin pour tout l'univers, est une prétention un peu trop vaste; mais l'on peut crayonner sur le papier les plus immenses édifices, quelque impossible qu'il soit de les bâtir sur le terrein.

L'on pourrait demander ici à M. Merc. qui doit rendre publique cette connaissance? qui doit avertir les nations des mauvaises loix qu'elles ont, & des abus qu'elles en font? qui doit rétablir les corps politiques? qui doit créer de nouvelles loix, élever les peuples contre les anciennes, les sujets contre leur souverain, l'Etat contre sa propre constitution? Cette connaissance, qu'il veut rendre publique, doit bouleverser tout ce qui est connu, annuler tout ce qui est reçu, renverser ce qui existe, pour lui stubstituer l'ordre proposé.

Mais quand ce serait un bien que cet ordre prétendu & tous ces changemens, pourquoi rendre publique cette connaissance, cette nécessité de tout détruire? pourquoi donner aux sujets la charge de réformer, tandis que les Rois sont en possession du pouvoir. Ce serait dans les cabinets des princes, qu'il faudrait démontrer la bonté prétendue de ces principes nouveaux, & bien se garder d'exciter les peuples à les admettre avant l'agrément des maîtres.

XXXII. Il dit : que *les nations feraient heureuſes, ſi elles étaient toutes élevées à la connaiſſance du juſte & de l'injuſte abſolu, à la connaiſſance de cet ordre immuable, par lequel l'auteur de la nature s'eſt propoſé, que tous les hommes fuſſent gouvernés, dans tous les lieux & dans tous les tems, & auquel il a attaché le meilleur état poſſible.* Lorsqu'il dit que l'Auteur de la nature s'eſt propoſé une choſe, qui n'a jamais eu lieu, n'eſt-on pas endroit de ſoutenir préciſément le contraire ? Sans doute l'auteur de la nature s'eſt propoſé que tous les hommes fuſſent différemment gouvernés, & ſans avoir aucune connaiſſance de ce juſte & injuſte abſolu : autrement il faudrait dire : Dieu propoſe & l'homme diſpoſe ; ce qui eſt le ſens de la propoſition ci-deſſus.

Il ajoute que *les philoſophes ne ſe ſont pas apperçus, que cette même Société générale, qu'ils déſiraient établir, exiſtait déja.* On peut, ſans indiſcrétion, lui demander où elle exiſtait ; puisque perſonne, puisque les philoſophes, qui la diſiraient tant, n'ont pas ſçu l'appercevoir, puisque lui-même aſſure vingt fois que les hommes & les nations n'en ont jamais rien ſçu.

XXXIII. Il *eſt*, dit-il, *impoſſible phyſique-*

ment, qu'une politique, qui blesse les interêts des autres nations, n'ait pas les autres nations pour ennemies. Dans ce cas, la Société de M. Merc. aurait toutes les autres nations pour ennemies : ne voulant dépendre d'aucune, & se passant de tous leurs produits, elle anéantirait l'intérêt de tout commerce étranger avec elle. Mais toutes les politiques connues sont à peu-près dans le même cas, chacune ne s'occupe que de son intérêt & travaille à l'augmenter aux dépends de toutes les autres. Voyez si l'acte de la navigation, passé en Angleterre sous Cromwel, a eu toutes les autres nations pour ennemies ; l'on ne pouvait blesser plus clairement les intérêts de toutes ; mais chacun est maître chez soi & l'on sait que la politique ne s'inquiete gueres de blesser l'intérêt d'autrui, pourvu qu'elle fasse le sien.

XXXIV. La *balance de l'Europe*, dit M. Merc., *est un terme énigmatique.* Quoique l'équilibre de cette balance soit sujet à des vicissitudes, tous les Politiques trouvent néanmoins la chose très claire, & dès qu'un dès bassins l'emporte, l'on sait les funestes effets de cette prépondérance. Tout le monde s'occupe à le maintenir, tous travaillent à le rétablir dès qu'il est dérangé. Il est vrai que cet équilibre dépend presque autant des causes morales que des physiques : c'est à l'habileté des ministres à évaluer les unes & les autres: un seul homme, par exemple, peut avoir par sa valeur, son activité, son intelligence & surtout par son ambition, une influence dix fois, vingt fois supérieure à celle que l'on calculerait sur l'étendue de ses Etats & le nombre ordinaire de ses troupes: tel fut Charles XII. Ces causes, cet équilibre, cette balance ne sont un énigme, que pour ceux qui ne donneraient du poids qu'à la matiere, ou au dénombrement physique des forces & des richesses. Cette balance de l'Europe existe & malgré le nombre infini de guerres qui s'y succedent, les choses restent toujours à-peu-près dans le même état qu'auparavant; s'il n'y avait point d'équilibre, ce serait sans doute un malheur bien grand pour tous les petits souverains; mais l'Europe ne reconnaitrait bientôt qu'un seul maître; les peuples en seraient peut-être mille fois plus heureux. Examinez les tems & les pays où il n'y avait point de balance, voyez comment les Romains ont tout envahis. Les Grecs par leur courage faisaient équilibre au grand nombre des Perses; cette balance s'est soutenue jusqu'à Philippe; mais la valeur de son fils a rompu cet équilibre: Alexandre a renversé cet empire & plusieurs autres.

XXXV. M. Merc. *veut accorder au commerce extérieur la plus grande liberté possible.* Quelle foule d'abus naîtraient de cette liberté illimitée! l'on pourrait exporter tous les objets des plus pressans besoins de la nation, s'ils étaient mieux payés ailleurs. L'on pourrait fournir ses rivaux & ses concurrens des matieres, qui leur manqueraient pour obtenir la supériorité. L'on pourrait pourvoir les voisins les plus dangereux de tout ce qui contribuerait à augmenter leurs forces & leur puissance, à laquelle dans la suite l'on seroit hors d'état de résister; les étrangers auraient bientôt vos armes, vos vaisseaux, ou du moins vos chantiers ne seraient occupés que pour eux. Abus pour le commerce même: aucun particulier n'est en état de former seul un établissement solide & considérable, il n'y aurait point de compagnies privilégiées: ces corps riches & puissans, qui font la gloire des nations, qui les soutiennent, qui égalent en puissance, & par leurs richesses, par leurs troupes & leurs possessions, celle de plusieurs souverains, ces compagnies, dis-je, qui forment dans l'Etat une masse de ressources & de fortunes, où la nation peut, en cas de besoin, trouver les plus grands secours, n'existeraient jamais, dès qu'on accorderait au commerce extérieur la plus grande liberté possible. Que de pertes, enfin, ne feraient pas tous les négocians, qui voudraient étendre au loin leur commerce, sans avoir la force de le soutenir. L'on voit ſans ceſſe que les propoſitions trop générales, ont des conſéquences déſavantageuſes & qu'il faut en revenir, dans toutes occaſions, aux modifications rélatives.

XXXVI. M. Merc. trop plein de ſes idées, raille ainſi le genre humain: *je pardonne*, dit-il, *aux hommes d'avoir pris pour des réalités les faux produits de l'induſtrie; mais je ne leur pardonne pas leurs contradictions: ils auraient dû d'après leurs illuſions, défendre chez eux l'uſage de tout ouvrage, qui n'exigerait pas la main d'œuvre la plus chere; au moyen de cette police, ils ſe ſeraient menagés le brillant avantage, de ne conſommer que des choſes de grand prix. Oh! quils auraient été riches, s'ils avaient été conſéquents!* Comme M. Merc. ſe met ici en oppoſition avec tous les autres hommes, qu'il taxe d'illuſion, voyons s'ils n'auraient pas quelques raiſons de ſe juſtifier: l'illuſion devant être de l'un ou de l'autre côté, l'on peut bien plus naturellement ſoupçonner l'erreur d'un ſeul, que celle de tous les philoſophes, de tous les légiſlateurs, de tout l'univers, qu'il en accuſe dans le cours de ſon ouvrage. Examinons, donc ce ſophisme ironique: l'induſtrie, dit-il, & ſes faux produits ne ſont pas des réalités; s'il veut bien pardonner aux hommes de l'avoir cru, il condamne leurs contradictions;

ils devraient défendre chez eux l'ufage des marchandifes communes, pour ne confommer que des chofes d'un grand prix. Que fignifie cette tirade? que veut-il dire par cette défenfe? Les ordres pour confommer des chofes précieufes, ne donnent pas les richeffes pour s'en pourvoir ; mais le brillant avantage de pouvoir les confommer fuppofe néceffairement les richeffes. Ceux donc, qui ne feraient ufage, que des ouvrages, qui exigeraient la main d'œuvre la plus chere, feraient fans contredit très riches. La nation, qui pourrait payer cette main d'œuvre la plus chere, nourrirait le plus grand nombre d'ouvriers, les récompenferait mieux que les autres & les attirerait de toute part. Attirer les hommes eft une maniere de population bien plus promte & bien plus utile cent fois que toutes les autres. Cette population abondante ferait une confommation, une circulation proportionnée. Oui, ils feraient riches & très riches, ceux qui ne confommeraient que des chofes d'un grand prix; s'il y a du ridicule dans cette propofition, c'eft celui que M. Merc. veut y mettre, ce font ces défenfes. Quel plaifant effet ne produiraient pas les défenfes, qu'on ferait aux laboureurs de ne porter que de la dentelle la plus fine, de ne s'habiller que des étoffes les plus précieufes, de n'employer d'autre charrues que celles, qu'on aurait artiftement fculptées, peintes & dorées, & autres choſes ſemblables? peut-on être moins conſéquent, en accuſant les autres d'inconſéquence?

DEMANDONS à M. Merc., qui ſont ceux qui ſeront riches, ſi les perſonnes, qui conſomment les choſes du plus grand prix, ne le ſont pas? Seraitce celui qui peut manger le plus aujourd'hui & qui a le plus de quoi manger demain? Cette queſtion retombe encore ſur ce qui conſtitue les richeſſes. Ne ſera-ce que le produit de l'agriculture, qui aura une valeur, un prix, & ce prix ne ſera-t-il attribué qu'à la matiere brute, ſans que la forme qu'on lui donne, ſans que la main d'œuvre, ſans que les préparations, dont elle a néceſſairement beſoin, avant d'être de quelque utilité, ſoient comptées pour rien? Une aune de toile ne vaut-elle pas plus qu'une poignée de lin; puiſqu'une poignée de lin vaut plus qu'une pincée de ſemences, dont elle a été produite.

C'EST l'utilité des choſes, qui conſtitue excluſivement leur valeur; ſi les matieres non préparées ont un prix, elles ne l'ont, que parce que l'on eſt aſſuré de pouvoir leur donner cette préparation, qui leur manque. Les cocons des vers à ſoie ne doivent être d'aucun prix chez les Sauvages, qui ignorent l'art d'en faire uſage, & ainſi une peau de chevreuil vaudra plus chez eux, que mille quintaux de cocons de vers à ſoye. La main d'œuvre formant donc l'utilité des choſes, conſtitue par conſéquent leur valeur. Si l'on ne veut pas convenir qu'un ballot de drap vaut plus qu'un ballot de laine, en quoi fera-t-on donc conſiſter la valeur des choſes. Leur uſage n'eſt-il pas une réalité? ce qui les rend propres à cet uſage, ne doit-il pas l'être auſſi? ſi les choſes, qui ſont cheres ne ſont pas richeſſes, le ſeront-elles par leur poids? Les montagnes & les rochers n'ont point de prix en raiſon de leur maſſe. Sera-ce par l'étendue & la quantité? La mer ſerait le plus grand tréſor de la terre. Il faut néceſſairement recourir à l'utilité des choſes, que cette utilité ſatisfaſſe les beſoins, les goûts, les modes, les caprices ou les plaiſirs. De là il faudra conclure que la main d'œuvre qui donne cette utilité aux choſes, leur donne par conſéquent leur prix & leur valeur, & de là encore ceux qui pourront conſommer celles d'un grand prix ſeront très riches.

Le luxe vient ſe mêler ici: cette queſtion ſi ſouvent débattue, eſt trop longue pour être diſcutée. Je crois qu'on a raiſon d'en dire beaucoup de bien & beaucoup de mal; je crois qu'on ſe trompera toujours, lorſqu'on ne l'enviſagera pas rélatif; je crois qu'il y a des peuples qu'il ruine & des nations qu'il enrichit; je crois que son excès est une destruction pour les Grands, & un soutien pour les ouvriers mais pour l'objet que nous traitons, il est sûr qu'il augmente la valeur des choses, qu'il emploie; ce qui est d'une étendue immense. Tous les objets qu'il met en crédit, qu'il consomme & qu'il rend par conséquent utiles, ne se mangent pas. L'ame des hommes a des besoins aussi bien que son corps, nous l'avons déja dit; mais ici il est question des plaisirs d'imagination. Combien de matieres, que la mode a mises en valeur & qui ne peuvent être d'usage, qui ne peuvent avoir de prix que pour les pays où cette mode regne. Cet usage leur donne une valeur réelle & cette valeur constitue la richesse: un petit diamant s'échange contre un grand tas de bled, & les ouvriers du luxe vivent bien mieux, que ceux de l'agriculture, les ouvrages de luxe peuvent donc enrichir une nation, si le commerce en procure le débit. C'est ainsi qu'un peuple actif & industrieux, qui n'habiterait que des rochers stériles, feroit régner l'abondance chez lui, en échange de sa main d'œuvre; & vous voulez que le prix, que la valeur de cette main d'œuvre ne soit pas une réalité.

TOUTES ces répétitions ne tendent qu'à faire voir, qu'on a toujours tort de perdre de vue les usages humains, lorsqu'on veut parler aux hommes; il faut donc regarder l'ironie de M. Merc. comme faite en pure perte, contre les ſentimens reçus : continuons à croire riches, ceux que jusque ici, nous avons cru bonnement l'être; c'eſt-à-dire ceux, qui peuvent faire le plus de dépenſes, & conſommer les choſes d'un plus grand prix.

XXXVII. On *s'eſt perſuadé*, dit-il, *qu'on pouvait toujours vendre en argent à quelqu'un, qui ne vendrait rien: cette idée parait le comble de l'extravagance.... on s'eſt perſuadé qu'il importait à une nation de faire un grand commerce d'exportation, de vendre beaucoup en argent & d'acheter peu, ſe perſuadant que par ce moyen, le commerce l'enrichirait. Dans tous ces prétendus principes, autant de termes, autant d'héréſies qui toutes proviennent de ce qu'on ne s'eſt pas apperçu qu'on ne peut abſolument donner de l'argent pour des marchandiſes, avant d'avoir commencé à donner des marchandiſes pour de l'argent.* Comme le ton de ce paſſage eſt plus ironique encore que le précédent, & qu'il ne s'agit plus du ridicule, mais du comble de l'extravagance, il s'agit de bien dépouiller ce qu'il y a de vrai dans ces propoſitions, d'avec l'application qu'on en veut faire: l'argent eſt un métal, une nation qui en a des mines, pourrait en retirer ſans ceſſe, & en avoir toujours pour payer, sans jamais rien vendre; mais laissons ce cas : personnne ne s'est jamais persuadé qu'on pouvait toujours vendre en argent à quelqu'un, qui ne vendrait rien; il n'y a que M. Mercier lui-même, qu'on pourrait en accuser : suivant son systême qui compte presque le commerce pour rien, une nation d'agriculteurs n'aurait à vendre que le produit de l'agriculture;mais ne pouvant échanger du bled contre du bled, ce qui est inutile; ne pouvant échanger ce bled contre des marchandises étrangeres, que le commerce n'apporteroit pas, ne pouvant enfin échanger ce bled que contre de l'argent, ces laboureurs vendroient à leur compatriottes; mais ces compatriottes, qui achetteraient toujours pour leurs besoins, n'auraient jamais rien à vendre. Car quelles ressources leur procurera M. Merc. sera-ce l'industrie ou le commerce? en ce cas ce ne sera que la plus petite portion de son peuple, qui s'addonnera à l'agriculture, tandis que tout le reste, que le gros de la nation s'occupera d'industrie ou de commerce. Il ne reste plus d'autre moyen d'échange que la main d'œuvre & dès lors au lieu d'être un peuple d'agriculteurs, ce ne serait qu'un peuple d'artisans qui n'aurait d'autre objet que de vivre pour travailler & de travailler pour vivre. Tout cela n'est pas essentiel; revenons à notre extravagance : les habitans

bitans d'un village, qui ne vendraient rien hors de leur paroiſſe, & qui prétendraient vendre toujours en argent, à quelqu'un qui ne vendroit rien ſoupçonneraient à l'acheteur un fond immenſe & intariſſable; ce qui eſt ridicule; mais cette perſuaſion eſt très indifférente à celui qui vend: peu importe à ce villageois où vous avez pris l'argent, que vous lui donnez en échange de ſes grains. Ainſi de vendeur à vendeur, il eſt très indifférent à tous les deux de ſavoir, où ils ont pris la matiere de leur échange; ce qui eſt ici indifférent entre particuliers, l'eſt auſſi de nation à nation. La prévoyance pour les paiemens des achats futurs, regarde principalement l'acheteur: le vendeur ne s'occupe qu'à recevoir ſon argent, ſans s'embarraſſer, ſi celui qui le lui donne, a vendu ou non, pour ſe le procurer. Qu'importe aux Chinois, où les Européens prennent leur or & leur argent; pourvu qu'ils paient toujours comptant des feuilles ſeches, du papier peint & autres ouvrages? Que les Chinois ſe perſuadent que les Européens vendent ou ne vendent rien; qu'a de commun cette perſuaſion avec leurs intérêts? Cette perſuaſion, dis-je, eſt très étrangere à la richeſſe du vendeur & ce n'eſt que du vendeur, dont il eſt queſtion dans ce paſſage; s'il avait à s'inquiéter au ſujet des reſſources qu'a, ou n'a pas l'acheteur, ce ne pourrait être qu'en lui faiſant crédit, ce qui eſt entiérement hors du cas propoſé. Ainſi donc il ſerait très extravagant d'accuſer d'extravagance les Chinois, lors même qu'ils feraient perſuadés, que ceux à qui ils vendent en argent, ne vendent rien. Mais perſonne ne ſe perſuade pareille choſe; le commerce étant un échange, qui s'imaginera jamais, qu'on pourra toujours le faire, ſans qu'on s'en procure de part & d'autre l'objet.

Ce n'eſt cependant pas en vendant ſeulement, qu'il eſt poſſible d'avoir de l'argent; dans les pays commerçans, où c'eſt la voie la plus ordinaire, elle n'y eſt pas la ſeule. Je ſais que malgré la variété de toutes les especes de revenus, le nouveau ſyſtême veut les enviſager comme des ventes : celui-ci, diſent-ils, vend l'uſage de ſa maiſon, dont il reçoit le loyer, celui-là vend l'uſage de ſon argent, dont il retire la rente, un autre vend ſon labeur, dont on lui paie de ſalaire; le Miniſtre, l'Officier, l'Ambaſſadeur vendent leurs ſervices, dont il recoivent les apointemens. L'on voit que cette interprétation forcée, pour ne pas dire outrée, eſt étrangere à notre queſtion. D'ailleurs il faudrait évaluer tous les différens moyens d'avoir de l'argent, ce que les mines en rapportent, ce qu'on prétend que l'Alchimie en produit, les priſes ſur les ennemis, les ſubſides étrangers, les lotteries & toutes les especes d'impôt . . . il y aurait de l'indécence, par exemple, à soutenir que pour les revenus de l'Etat, la puissance tutelaire vend sa protection. Ce serait ne vouloir voir en tout & partout que commerce : systême cependant bien moins défectueux, que celui de n'admettre que l'agriculture.

M. Merc. taxant d'extravagance la persuasion qu'il allegue, qui sans doute n'est jamais entrée dans l'idée de personne, n'a vraissemblablement pas eu en vue des vendeurs particuliers, mais la nation entiere ; dans ce cas, comme la vaste étendue des mers rapproche tous les peuples, par les soins du commerce, lorsque une nation vendra à une autre à mille lieues de chez elle, devra-t elle s'inquiéter si celle-ci vend ou ne vend rien.

Toutes les prétendues hérésies, qu'il condamne, n'existent point ; pour dépriser le commerce, il lui suppose des vues qu'il n'a pas ; car les commerçans ont autant interêt à acheter beaucoup, qu'à vendre beaucoup ; c'est cette activité, qu'ils recherchent sans cesse, elle fait la richesse des particuliers, elle anime la circulation, elle fait enfin la richesse de l'Etat. Il n'est pas question d'accumuler beaucoup d'or, c'est là l'avidité d'un avare ; mais ce ne sont pas les vues du commerce. Supposant une nation une fois riche, elle serait très heureuse, quoique elle n'augmentât jamais le numérique de ſes eſpeces, pourvu que le commerce mît la maſſe totale de l'argent dans une circulation continuelle ; pourvu qu'il y eut toujours équilibre entre la conſommation de luxe, d'agrémens, de beſoin & de ſuperfluité d'un côté & la valeur des productions des arts, des manufactures & du commerce de l'autre ; en mot pourvu qu'elle pût toujours entretenir chez elle toutes les ſortes d'abondance, ce que le commerce ſeul eſt en état de faire.

On ne s'eſt pas apperçu, dit M. Mercier, *qu'on ne peut abſolument donner de l'argent pour des marchandiſes, avant d'avoir donné des marchandiſes pour de l'argent.* L'on s'en apperçoit ſi bien, que c'eſt là le motif & le principal motif des démarches de tous les hommes ; c'eſt là ce qui fait le lieu du commerce : perſonne ne s'eſt imaginé de gagner de l'argent pour rien, c'eſt ce qui fait que chacun s'occupe de tous les moyens, qui peuvent ſupléer à ces matchandiſes, qu'il faut donner pour avoir de l'argent, dès qu'il ne peut avoir les marchandiſes même ; ainſi donc le commerçant ne prétend pas plus donner aux autres des marchandiſes ſans argent, que recevoir des autres de l'argent ſans marchandiſes : tout ſon but eſt de gagner dans l'échange ; il cherche a retirer plus d'argent de ſes marchandiſes, qu'il n'en a donné lui-même, puis à gagner encore en donnant cet argent...... par là il parvient à avoir plus de valeur, à pouvoir consommer davantage & enfin à être plus riche.

Un grand commerce d'exportation remplirait tous ces objets; ce que M. Merc. prétend être une hérésie, ferait le bonheur des commerçans, & des ouvriers de toute profession; cette hérésie échange les travaux des habitans, contre les richesses étrangeres de toute espece. De là la plus grande abondance possible, la plus grande richesse possible, la plus grande population possible. :. voilà la foule des conséquences ordinaires de M. Merc. qui suivent merveilleusement de ce qu'il nomme des hérésies.

XXXVIII. *Le commerce*, dit-il encore, *enrichit une nation, comme il les enrichit toutes, non en les mettant dans le cas de gagner les unes sur les autres; car, ou ces gains seraient alternatifs & conséquemment nuls, ou bientôt ils ne pourraient plus avoir lieu; mais il les enrichit, en ce que procurant le débit de toutes les productions nationales, au meilleur prix possible, il fait passer dans les mains des cultivateurs, tout le produit sur lequel ils ont dû compter.* Combien ne trouve-t-on pas là d'hérésies? Le commerce d'Angleterre enrichit donc le Portugal, comme le Portugal enrichit l'Angleterre, & les grandes compagnies de commerce enrichissent les Indes comme les Indes les enrichissent. Pourquoi le commerce apporterait-il un gain égal à toutes les nations? A peine oserait-on supposer cette alternative entre deux nations, dont les produits, les manufactures, les arts, les vaisseaux, l'industrie & l'habileté des commerçans seraient dans une même proportion, ce qui est physiquement impossible à trouver. La main d'œuvre varie partout, ainsi que le prix de la nourriture. Mais pourquoi le gain, que fait une nation sur une autre ne pourrait-il pas avoir lieu à perpétuité? Outre les différentes ressources, que celle-ci peut avoir de se dédommager de ses pertes, par tous moyens, la société politique de M. Merc. aura toujours assez de productions d'agriculture, pour pouvoir les échanger sans cesse avec une autre nation, qui lui fournira d'autres objets en moindre valeur; car ce pauvre peuple agricole, avec toutes ses denrées superflues, aimera bien mieux les vendre à bas prix, que ne les point vendre du tout; ce que l'on ne peut pas dire du commerce.

D'ailleurs le commerce ne restreint point ses opérations d'une nation à l'autre. Une troisieme qui échange à bas prix chez celle, qui est ici censée perdre, la remet au niveau & portant fort loin ses nouvelles marchandises chez une quatrieme, se dédommage à son tour.

M. Merc. qui ne veut voir que l'agriculture,

aſſure que *le commerce n'enrichit les nations, qu'en ce qu'il procure le débit de toutes les productions nationales au meilleur prix poſſible.* Je ne ſais pas ce qu'il entend par le meilleur prix poſſible. Si c'eſt le plus haut prix, qu'il nomme ainſi, cette nation ſeroit bien malheureuſe, dès que ſon commerce encheriroit chez elle, la matiere de ſes premiers beſoins. S'il veut dire au contraire: le plus bas prix poſſible, l'avantage qu'apporterait ici le commerce ne ſerait pas bien brillant, puisque il diminuerait le prix des ſeules richeſſes du pays & ce ſerait un moyen bien imaginé de faire paſſer dans les mains des cultivateurs, tout le produit ſur lequel ils ont dû compter, que de réduire au plus bas prix poſſible leurs marchandiſes.

POURQUOI mettre toujours les choſes au plus haut ou au plus bas poſſible? M. Merc. ne ſait-il pas que c'eſt dans un milieu, dans une proportion, & dans l'accord de mille différens rapports, qu'on doit chercher un avantage réel. Tout cet avantage qu'il attribue au commerce, il prétend qu'il doit paſſer dans la main ſeule du cultivateur; c'eſt-à-dire, comme on eſt obligé de le répéter cent fois, dans la millieme portion des habitans de ce pays. Pauvres cultivateurs! qui ignorez dans vos chaumires & ſous vos haillons, que tout le produit du commerce de votre nation, vient ſe terminer à vous.

La richesse personnelle du cultivateur, ajoute-t-il *est la source principale de toutes les richesses.* Il est bien pardonnable à celui, qui n'a qu'une source de tâcher par tous les moyens, de la rendre abondante. Un homme, qui regarde à travers un verre rouge, ne voit aucun objet, qu'il ne lui paraisse rouge; les spectateurs, qui ne font pas usage du même verre, sont très affectés de son obstination, à soutenir que tout est rouge: je demande pardon à M. Merc. si je dis qu'il ne voit rien qu'à travers l'agriculture.

Toutes les provinces, qui environnent la Hongrie, abondent prodigieusement en toute sorte de productions de la terre: les cultivateurs y ont une si grande quantité de bled, qu'ils en remplissent des grands puits dans la campagne, qu'ils recouvrent ensuite & qu'on ne saurait plus trouver sans eux, le vin y est de même surabondant, les chevaux y sont très bons & multiplient infiniment, tout le bétail encore d'avantage; faute de commerce, ces pays, les plus fertiles du monde, sont les plus misérables de l'Europe.

XXXIX. *Les loix naturelles & fondamentales du commerce, les conditions essentielles, sans lesquelles il ne peut se soutenir, sont entre une nation & une autre nation les mêmes qu'entre un homme & un homme.* M. Merc. avance là une parité, qui est insoutenable : l'on pourrait plutôt dire qu'il n'y a aucune condition dans ces deux commerces qui soit, ni qui puisse être égale : les conquêtes, les guerres, la puissance font des traités, que la politique fomente, que la ruse conduit & que la force oblige d'exécuter : voilà les loix de commerce de nation à nation, & encore ces loix, qui sont toujours en faveur du plus fort, peuvent être par lui impunément violées, lorsque il y prévoit quelque nouvel avantage; pardevant quel supérieur, devant quel Magistrat réclamera-t-on, pour le maintien de ces loix, lorsque la nation la plus puissante aura jugé à propos de les enfreindre? ces loix sont dans ce cas, comme s'il n'y en avait point, que pour les faibles; bien différentes en cela de celles, qui existent entre les particuliers. Celles-ci fondées sur l'intérêt du moment, varient comme lui; chaque marché forme une convention nouvelle, dont la moindre infraction peut être rigoureusement punie. L'on doit donc regarder le commerce de nation à nation, comme une suite, comme une dépendance de puissance, où les trois quarts de l'avantage sont d'un côté, & le dernier quart de l'autre. Voyez tous les traités de commerce; les conquêtes précédentes y ont dicté les conditions. Le commerce d'un particulier est égal avec tous les particuliers, mais celui d'une nation varie avec toutes celles avec lesquelles elle le fait. Aux unes, elle donne la loi, des autres elle la reçoit; il y a mille différences, qu'il eſt inutile de parcourir ici; mais je répéterai encore que toutes les propoſitions, qu'on veut abſolument rendre générales, ne peuvent s'accorder avec aucune opération de politique, qui eſt toujours rélative.

XL. M. Merc. dit *qui ſert le commerce, ne le fait pas. Le commerçant qui achete & revend à ſes risques & pour ſon compte, ſert le commerce, mais ne le fait pas.... trafiquer n'eſt pas commercer.... on trafique, quand on achete & revend les marchandiſes dont d'autres hommes ſont premiers propriétaires. On commerce, quand on tire de ſon propre fond, les marchandiſes qu'on échange, contre des valeurs quelconques & autres marchandiſes en argent.* Voilà des jeux de mots aſſez inutiles & des ſubtilités forcées, qui ne doivent pas être des preuves bien convaincantes, ni prévenir en faveur d'un ſyſtême, qui a beſoin d'interprétations auſſi étranges & auſſi ſingulieres pour ſe ſoutenir. Dire que les commerçans ne ſont pas commerçans, mais les propriétaires fonciers, qui ſans doute jusqu'à préſent ne s'en étaient pas doutés, eſt un paradoxe très ſingulier. En faiſant le dictionnaire nouveau pour ôter aux termes connus, la ſignification reçue, l'on ne changerait pas pour cela l'eſſence & la nature des choſes; car en diſant celui qui ſert l'agriculture, ne la fait pas, mais c'eſt la nature, qui produit, l'on ne changerait en aucune façon l'idée qu'on a des agriculteurs. Tous ces verbiages ne ſervent de rien, & les choſes restent dans le fond, telles qu'elles ſont.

Je dirai au contraire que le propriétaire foncier ne commerce point & qu'il eſt presque le ſeul qui ne le faſſe pas; il fournit à quelques artiſans & quelquefois aux commerçans, une des matieres, qui entre mille autres, fait l'objet de leurs opérations.

Suivant l'interprétation nouvelle, le chasſeur ſeul fait le commerce du gibier; le pêcheur, celui du poiſſon; le propriétaire des mines, celui du métal, un auteur celui des livres & ainſi de ſuite pour toutes les premieres productions. Que dira-t-on de l'or & de l'argent, & de cette multitude d'effets, dont on a perdu cent fois de vue le premier propriétaire? ce ſerait cependant une plaiſante choſe d'aſſurer que le diamant, que porte une courtiſanne,a été commercé par l'Empereur du Mogols. Mais pour les fabriques,les manufactures.. ſera-ce auſſi le propriétaire, qui s'eſt défait d'une poignée de lin, qui fait le commerce d'une dentelle de mille écus, dont il a fourni la matiere pour quatre fous? Il faut avoir de terribles prétentions fur l'efprit des autres hommes, pour vouloir les forcer à changer la convention générale, de la fignification des mots qu'ils emploient. L'on peut fe tromper fur la nature des chofes, mais l'on ne fe trompe pas, en donnant un nom à cette erreur: l'expreffion, qui la défigne, étant une fois reçue & généralement approuvée, forme une des loix de la Société, qu'on ne peut plus enfreindre fans vouloir bouleverfer la Société même: l'on ne s'entendroit plus, fi chaque homme avoit le droit de changer la fignification des termes, qu'il n'approuverait pas, vous apelleriez blanc, ce que j'appellerais noir, vous nommeriez commerce ce que les autres nomment la vente de leur fuperflu; ce ferait la tour de babel.

XLI. Il parle enfuite de *l'interêt des peuples, qui n'ont d'autres revenus, que les falaires, qui leur font payés par les nations, qui fe fervent d'eux pour commercer entre elles.* M. Merc. fait ici le commerce purement paffif; c'eft précifément tout le contraire: ce ne font point les nations, qui fe fervent des commerçans & qui leur paient leur falaire; à moins d'inventer une nouvelle efpece de commerce à gage, qui n'aurait plus de liberté & que les nations emploiraient à volonté; ce qui n'a encore exifté nulle part. Ce font les commerçans qui ſe ſervent des nations, je veux dire de leurs productions, non pas au gré de ces nations, ni à leur ſolde, mais quand ils y trouvent leur plus grand interêt: ils ne font leur commerce que là où il leur eſt utile & dans le tems, qui leur convient le mieux; c'eſt ainſi que les nations profitent d'eux, autant qu'elles le peuvent; mais ne ſe ſervent pas d'eux: de l'échange, qu'ils ont fait dans un endroit, ou plutôt de l'acquiſition de certaines marchandiſes, qu'ils ont alors en toute propriété, & de l'échange, ou vente, qu'ils en font ailleurs, ils acquierent une plus grande quantité de marchandiſes ou d'argent; ce qui eſt une véritable production nouvelle, une véritable richeſſe. Donner le nom de ſalaire à cette création de nouvelle matiere que produit le commerce, c'eſt chercher par l'aviliſſement du nom à avilir les commerçans. Mais encore une fois, quand M. Merc. donnerait à toutes les choſes d'autres noms, que ceux qu'elles ont eus jusqu'à préſent, ces innovations n'en changeront jamais ni le fond, ni le l'eſſence.

Il ajoute *qu'il n'y a que les nations agricoles & productives, qui en raiſon de leur territoire, puiſſent fonder une grande puiſſance ſolide.* Quels ſont donc ces grandes puiſſances, ces puiſſances ſolides, qui ne le ſont devenues qu'en raiſon de leur territoire? Eſt ce à l.ur agriculture & à ſes productions que Rome & Carthage ont dû leur puissance? Parcourez l'hiſtoire ancienne & moderne vous y verrez tous les Etats fertiles ſoumis aux guerriers ou aux commerçans. Suivant les principes de M. Merc. l'Egypte, comme nous l'avons déja obſervé, devrait-elle avoir été ſoumiſe autrefois & esclave aujourd'hui? la Sicile, les côtes de Barbarie, la Pologne, la Hongrie, la Tranſilvanie & tous les autres pays fertiles ne devraient-ils pas avoir fondé les plus grandes puiſſances, les puiſſances les plus ſolides?

Il dit encore que chez les *nations agricoles, la richeſſe de chaque particulier, n'eſt point un bénéfice, fait ſur un autre particulier de la même nation, ou ſur un étranger, elle ne peut croître, que par une plus grande abondance ou par une grandeur vénale de ſes productions.* Ceci parait captieux; examinons-le: qu'importe à la nation, que les richeſſes y viennent par une route ou par une autre? S'il y a quelque avantage ce ſera lorsque ce bénéfice ſera pris ſur un étranger; mais lorsqu'il ſe prendrait ſur un particulier de la même nation, ce qui n'eſt pas la marche du commerce, ce ferait encore une circulation, & par conſéquent avantage pour l'Etat. Il eſt indifférent à la ſociété, que les particuliers échangent entre eux ſans bénéfice ou avec avantage; ſon intérêt eſt qu'ils échangent souvent & que la circulation s'anime.

COMME ce n'est pas la nation prise collectivement, qui vend en gros ses produits à un autre ce n'est pas la nation, qui en reçoit le paiement; ainsi lorsque la nation s'enrichit, ce n'est pas le corps qui acquiert une masse de richesses tout d'un coup, ce sont ses membres, ce sont les particuliers, qui par la totalité de leurs richesses constituent celle de l'Etat. Lorsque ces particuliers vendent & commercent entre eux, ils n'operent qu'une circulation avantageuse sans addition quelconque pour l'Etat; mais lorsqu'ils vendent à des étrangers avec profit, ce gain est une richesse nouvelle, qui vient augmenter la masse de celle de la nation; mais M. Merc. prétend que non: il ne veut pas que le bénéfice fait sur un étranger, que l'augmentation de matiere ou d'argent, qui provient de l'échange fait avec lui, soit une richesse. Il ne veut pas que la nation puisse devenir riche autrement, que par une plus grande abondance ou par une grandeur vénale de ses productions. Ainsi un particulier, qui augmente la quantité, la qualité & la valeur de ses marchandises, qui après plusieurs échanges avantageux a importé beaucoup d'argent & d'autres matieres, n'a point augmenté la richesse de la nation. Avant de dire que tant de particuliers puissans, qui ont apporté des sommes immenses de l'étranger, ont accru la richesse de l'État, avant d'assurer que tout cet or, ces magasins, ces provisions sont richesse, il faut s'informer, si ce sont des bénéfices faits sur des particuliers & autres par les échanges du commerce, ou si tous ces biens viennent de l'augmentation du prix des productions du pays. Toutes ces richesses enfin ne sont pas des richesses, si elles ne proviennent pas des mains de l'agriculture. Ces idées ont cependant trouvé des sectateurs.

Qu'importe si le bled, qui se vend a été apporté de cinq cents lieues, ou s'il est crû dans la province? Il semble même qu'il y aurait plus d'avantages pour la nation, s'il venait du déhors, puisqu'alors il est une création, une addition à la masse des productions du pays; mais il a couté, direz-vous, d'autres matieres? écoutez: si un fermier amene au marché cent sacs de bled, il les a achetés par ses travaux, par ses semences, par ses salaires & par la rente de la terre, qui est comme le louage d'une fabrique; tout cela forme un pas de circulation & la nation n'a rien gagné. Mais si un commerçant amene cent sacs de bled étranger au même marché, qu'il ne l'ait payé que la moitié de sa valeur, soit en échange, soit en argent, il y a augmentation de cinquante sacs pour l'avange du com-

commerçant, c'eſt-à-dire le produit de ſes risques, de ſes peines, de ſes avances & de ſon induſtrie. Cette augmentation de cinquante ſacs de bled n'eſt-elle pas auſſi un avantage pour l'Etat ? Si pour faire cette acquiſition le commerçant a exporté des ouvrages d'art, de luxe ou de métiers quelconques, des draps, par exemple, il aura donc donné de la laine, puis la main d'œuvre, qui l'a convertie en drap, en échange de tout ſon bled ; mais s'il a profité dans le prix de la laine, s'il a eu la main d'œuvre à bon compte, enfin ſi ces draps ne lui ont couté que la valeur de vingt cinq ſacs de bled, voila encore vingt cinq ſacs de bled que le commerce produit à ſon tour, auſſi bien que l'agriculture. Le commerce a encore cet avantage dans ſes productions, qu'elles ſont beaucoup plus promptes & qu'il n'apporte que les choſes, dont on a beſoin, je veux dire que l'agriculture qui n'accorde ſes dons que d'une année à l'autre, procure ſouvent une abondance ſuperflue d'une denrée, en refuſant le néceſſaire d'une autre.

Il eſt inutile d'oppoſer aux prétendus avantages des productions nationales, les hazards & ſurtout les incertitudes du commerce. L'agriculture eſt expoſée à des inconvéniens bien plus fâcheux : les effets de la grêle, de la ſécheresſe, des inondations... ſont irréparables pour une année entiere & les malheurs du commerce trouvent tous les jours de nouveaux remedes. La guerre, ſon plus cruel obſtacle, eſt un fléau, dont l'agriculture ſe reſſent bien plus longtems que lui. Les ravages d'une campagne ne ſe réparent pas d'un ſiecle entier, le commerce ſe releve aiſément, il change de lieux & d'objets à ſon gré. Revenons aux interprétations nouvelles & étranges, que Mr. Mercier veut donner aux mots.

XLII. Il veut prouver qu'étant plus riche, l'on eſt plus pauvre, parlant de l'augmentation de la maſſe d'argent: *vous allez voir*, dit-il, avec *cette plus groſſe maſſe d'argent, moins de valeur renaiſſante, moins de travaux, moins d'hommes entretenus, moins de revenus réels, moins de moyens de jouir pour le ſouverain & pour les propriétaires fonciers.* Il prétend qu'on eſt privé de tout cela, préciſément parce que l'on eſt plus en état de le payer, il prétend qu'on a moins de moyens de jouir, à meſure que ces moyens augmentent & lorsqu'on a toutes les productions de l'univers à ſes ordres.

Ecoutez ſes raiſons: I°. *Votre nouvelle opulence invite toutes les nations à venir reprendre ſur vous par la force, ce que vous leur aurez enlevé, par votre politique ſpoliatrice.* N'eſt-ce pas dire aux hommes de bien ſe garder de devenir riches, de peur des voleurs? Et c'eſt encore bien différent pour une nation : car les richeſſes formant un des plus grands pouvoirs, faiſant le nerf de la guerre & pouvant payer un plus grand nombre de troupes, l'on n'a aucun meilleur moyen pour ſe mettre en garde contre la force, que celui de ſe procurer la plus grande reſſource des richeſſes.

II°. *La cherté exceſſive de tout ce qui ſe vend dans votre intérieur, eſt garante que malgré toutes les précautions, que vous pourrez prendre, il entrera chez vous une grande quantité de marchandiſes étrangeres, qui ne ſeront point échangées contre les vôtres, parce que les vôtres ſont trop cheres, mais bien contre votre argent parce qu'il eſt à bas prix.* Cette raiſon eſt à peu-près de même poids que la précédente : ne ſerait-ce pas un plaiſant malheur d'être en état de ſe procurer toutes les marchandiſes poſſibles à ſouhait, d'attirer chez ſoi l'abondance de toutes choſes, parce qu'il faudrait être obligé de payer toutes ces marchandiſes en argent? Mais l'argent n'eſt-il donc pas un moyen de jouiſſance, d'abondance & de bonheur? N'eſt-ce pas la nation, qui en aura le plus, qui l'emportera dans la concurrence de toutes les autres : s'il y avait quelque déſavantage à craindre, ce ne pourrait être qu'en payant trop cher la main d'œuvre; ce qui rendrait les productions des manufactures & des arts plus cheres ; mais I°. de ce qu'un homme est-plus riche qu'un autre, il s'ensuit bien qu'il peut payer plus cher, mais il ne s'ensuit pas qu'il le fasse. Une nation peut être riche & œconome, l'un même est un indice de l'autre, une nation, dis-je, peut maintenir dans l'intérieur une juste proportion, tandis que, au déhors, elle tiendrait la balance du commerce. II. Supposons que les matieres travaillées chez vous soient plus cheres qu'ailleurs, les ouvriers étant mieux payés accourront de toute part, les plus habiles auront la préférence, vos ouvrages seront plus parfaits & par-conséquent de plus grand prix. Ce ne sont pas des mots ; voyez si les marchandises d'Angleterre, qui sont fort cheres à cause du prix de la main d'œuvre, ne sont pas exportées & recherchées dans tout l'univers. Mais la moindre réflexion suffit pour discuter des problêmes, pour ne pas dire des paradoxes, que l'expérience la plus générale & la plus constante dément dans tout l'univers. Telle est encore la proposition suivante.

XLIII. *Mais*, dit-il, *si chaque nation policée ou soi-disant adopte la même politique, il n'est plus possible, qu'il se fasse entr'elles aucun commerce.* Mais, lui dira-t-on, toutes les nations de l'univers adoptent la même politique, toutes ont la même envie de faire rentrer plus d'argent qu'elles n'en sont ressortir, & cependant le commerce subfiſte entr'elles. Quand ce ne ferait même qu'une circulation entre les peuples, ſans en enrichir aucun, quelles obligations n'auraient-ils pas encore tous au commerce. Chaque pays a des particularités, qui lui ſont propres : les arts de luxe & de pur agrément, les arts libéraux, les mécaniques & ceux de pure néceſſité ne ſont nulle part cultivés au même dégré de perfection; ici la chaleur du climat produit ce qui eſt refuſé à l'autre moitié du monde, ailleurs ce ſont d'autres productions inconnues, tout varie dans l'univers. Cette variété rendra toujours le commerce néceſſaire entre les nations, qu'elles aient ou qu'elles n'aient pas la même politique. Le beſoin qu'on a les uns des autres rend le commerce indiſpenſable, même indépendamment de toute eſpérance d'augmentation numérique des eſpeces.

D'ailleurs cette politique, qui tend ſans ceſſe à faire plus rentrer d'argent qu'il n'en ſort, ne réuſſit pas préciſément, parce qu'elle rencontre partout les mêmes vues : chaque particulier l'emploie, toutes les nations l'admettent, chacun tente les mêmes ſuccès, & l'on peut aſſurer qu'elle eſt le reſſort le plus eſſentiel & le motif le plus général de tout commerce, tandis que M. Merc. prétend qu'elle le rend impoſſible.

XLIV. Ici il convient que *la maſſe d'argent*,

croiſſant annuellement, l'on peut s'approprier cet accroiſſement ſans nul inconvénient.... à condition que ce ſera pour en jouir... il en réſultera que cet argent diminuera chez vous de valeur vénale, tandis qu'il conſervera toujours ſa même valeur vénale dans les autres pays; ainſi vous donnerez chez vous deux écus pour une choſe, qui n'en vaut qu'un; les étrangers n'acheteront plus chez vous: vos marchandiſes, qui ſe vendaient au dehors, reſteront invendues. Combien de déſavantages il voit naître de l'accroiſſement des richeſſes! que l'on mette en parallele l'Angleterre & la Hollande qui ont le malheur d'avoir plus d'argent que la Pologne & la Suede; voyez ſi les marchandiſes de celles-là reſtent invendues, parce qu'elles ont plus d'argent que celles-ci; voyez auſſi, ſi tout l'or du nouveau monde, qui paſſe en Eſpagne & en Portugal y rend les marchandiſes plus cheres, voyez ſi l'on y donne deux écus pour une choſe qui n'en vaut qu'un, voyez enfin dans tout l'univers ſi vous trouverez nulle part rien d'approchant à ce que M. Merc. annonce.

XLV. *L'argent*, dit-il, *n'eſt que le ſigne de la richeſſe; il l'annonce & ne la fait point; auſſi eſt-ce d'après l'argent, qui paſſe librement chez cette nation, & non d'après l'argent, qui y reſte engorgé, que nous pouvons nous former une idée juſte de ſa véritable richeſſe.... de celle, qui eſt diſponible pour elle, dont elle peut jouir annuellement sans s'appauvrir; disons plus: elle doit nécessairement jouir, si elle veut la perpétuer.* A ce compte, ce n'est point celui, qui a des richesses, qui est riche; mais celui, qui s'en défait: la jouissance & les richesses deviennent ici synonimes; c'est confondre la cause & l'effet; c'est dire que l'Enfant prodigue était plus riche que son pere. Badinage à part, je conviens que pour le bien de l'Etat, la circulation vaut mieux que l'accumulation de l'argent, un prodigue en travaillant à son malheur, fait l'avantage de la Société; mais la véritable richesse consiste, non à dépenser, mais à pouvoir le faire. Autrement il faudrait subtiliser la chose, il faudrait évaluer la durée d'un instant, le moment de jouissance, ou comme veut M. Merc., celui où l'argent passe librement; car l'instant qui précede, il est encore mort, & l'instant qui suit, on ne l'a plus. La véritable richesse n'étant pas l'argent, l'on ne pourrait donner ce nom qu'au seul moment de jouissance; bientôt l'on ne pourrait plus deviner ce que c'est que richesse.

POUR revenir à cette circulation, qui est sans doute avantageuse & même nécessaire, elle prouve combien le commerce à de supériorité sur les autres opérations: car des particuliers agricoles, fonciers ou rentiers pourraient très bien accumuler leurs revenus, ou plutôt ils ſont ſouvent contraints d'entaſſer leurs denrées, tandisque les commerçans ſont obligés d'exciter un flux & reflux dans toutes les richeſſes, qui paſſent par leur mains. C'eſt donc une prétention exagérée de vouloir que la jouiſſance ſeule procure la circulation & qu'elle ſoit ſeule richeſſe. Il y a des nations, qui jouiſſent peu, il y en a pluſieurs qui n'ont point de productions annuelles dont elles puiſſent jouir, & qui cependant ſont très riches.

XLVI. M. Merc. convient que le terme de *richeſſe a dans notre langue diverſes* ſignifications. *L'Etat habituel d'une perſonne.....valeur, nous la donnons aux choſes en raiſon de l'utilité, dont elles ſont à une jouiſſance.... l'illuſion nous empêche de voir, que ſi l'argent repréſente dans nos mains les choſes que nous pouvons deſirer d'acheter, il y repréſente auſſi les choſes que nous avons vendues. Le ſecond effet de cette illuſion eſt de nous accoutumer à confondre les différentes idées, qu'on attache au terme de richeſſe, à juger de la perſonnelle & habituelle par la ſomme des valeurs en argent qu'on poſſede, ſans examiner ſi les poſſeſſeurs ont ou n'ont pas les moyens de renouveller ce même argent, après qu'ils l'auront diſſipé par leur jouiſſance.* Il y a dans tout cela des choſes vraies, & d'autres qui doivent être interprétées & appliquées différemment qu'elles ne le ſont: l'argent repréſente ſans doute dans nos mains une valeur de matiere précédente; il y a néceſſairement une cauſe, qui nous l'a procuré: mais eſt-ce toujours une vente? Dans le commerce, où une partie de cet argent eſt en pur gain, une portion repréſente aſſurément la choſe vendue, mais l'argent, qui eſt de bénéfice, que repreſente-t-il? il n'en eſt pas de même des revenus d'un proprietaire foncier: il ne retire que l'interêt des fonds placés ſur ſa terre, ſoit des dépenſes foncieres, ſoit des annuelles, ainſi tout l'argent qu'il a dans ſes mains repréſente les productions de cette terre. Voilà comment l'illuſion ſuppoſée retombe précisément ſur le ſentiment de M. Merc... obſervez encore, que cet argent ne coute à perſonne autant, qu'au propriétaire foncier. Si celui-ci ne s'apperçoit pas que tous ſes revenus, que toutes ſes resſources ſont repréſentées par ſon argent, il eſt dans l'illuſion. Mais indépendamment du commerce, l'argent, qui eſt dans les mains des trois quarts de la nation, pourrait très bien ne repréſenter aucune marchandiſe vendue; parcourez tous les états; voyez les penſions, les apointemens, les gages, les ſalaires, les louages enfin & tous les autres intérêts quelconques; mais ceci ne ferait rien au fond.

Dans la plupart des profeſſions, l'on a des moyens de remplacer cet argent, & de l'augmenter;

ressource, qui n'est accordée à l'agriculture qu'une seule fois par année. Au reste l'essentiel de la question n'est pas de savoir si l'argent représente ou ne représente pas quelque chose, il s'agit d'avoir souvent des moyens de s'en procurer; moyens, qui sont plus fréquens, plus abondans, plus prompts dans le commerce, que dans l'agriculture; de là vient que le second effet de l'illusion prétendue, porte à faux: *nous jugeons*, dit-il, *de la richesse personnelle & habituelle par la somme des valeurs en argent qu'on possede, sans examiner si les possesseurs ont ou n'ont pas les moyens de renouveller cet argent.*

Assurément nous jugeons de la richesse actuelle par l'argent qu'on a; car il ne s'agit pas de savoir si un particulier sera aussi riche l'année prochaine, qu'il l'est cette année; question très étrangere aux richesses. Dès qu'elles existent chez quelque particulier, il est riche, & plusieurs de ces richesses forment celle de l'Etat. D'ailleurs il est toujours probable que ce particulier, acquerra les années suivantes, ce qu'il a acquis celle-ci, pourvu qu'il emploie les mêmes moyens; ainsi la question de M. Merc. retombe sur ces moyens. Nous nous verrions donc de nouveau obligés à rechercher quels sont les meilleurs moyens de renouveller l'argent, & nous les retrouverons toujours plus prompts, plus fréquens, plus abondans dans le commerce que dans l'agriculture. Mais, dira-t-on, si celui qui n'a que son travail, son salaire, ses gages..... cesse de travailler, si le commerçant abandonne son commerce, ou s'il y essuie des grandes pertes, il ne sera plus riche l'année prochaine. Pourquoi prolonger cette illusion dans un cas plutôt que dans un autre? Si le cultivateur cesse de cultiver ses terres, ou que la grêle & la sécheresse dissipent sa récolte, il n'aura rien non plus, l'année prochaine. Les travaux de l'agriculture sont aussi nécessaires aux productions de la terre, que les travaux des commerçans aux bénéfices du commerce. Si toutes les richesses sont dues, ou aux échanges, ou à la main d'œuvre, les produits de l'agriculture sont à peu-près bornés, tandisque les produits & les profits du commerce peuvent augmenter, sans que personne puisse en fixer la progression. De ces différens moyens, concluez.

XLVII. *L'ouvrier, qui vend aux étrangers son ouvrage au-dessus de son prix nécessaire, fait un bénéfice, mais il ne le fait pas sur les étrangers, puisqu'ils n'achetent pas plus cher que le prix courant établi entre toutes les nations commerçantes. Le bénéfice de l'ouvrier est donc pris sur la nation même & voici comment: le prix nécessaire de tel ouvrage chez cette nation, n'est in-*

férieur au prix néceſſaire de pareils ouvrages chez les autres nations, qu'autant que l'ouvrier n'a pas été forcé de faire les mêmes dépenſes que les ouvriers étrangers. C'eſt bien ici que l'on pourrait dire: autant de mots, autant d'héréſies. Ce ſont des fauſſes ſuppoſitions, dont on extrait, avec les plus grands efforts, des fauſſes conſéquences.

D'abord, il n'y a point de prix néceſſaire à aucune marchandiſe. L'or même & l'argent, qui ont la valeur la plus généralement & la plus constamment reçue, ſont ſujets à des variations & ce ſont ces variations, celle du change par exemple, qui font l'ame du commerce. Mais ſuppoſons qu'il y eut un prix néceſſaire pour les marchandiſes, qui eſt-ce qui pourrait s'imaginer, qu'il y en eut un pour les ouvrages? Ceux qui ſont délicattement travaillés, ceux de gout, de mode, de luxe ou de caprice, n'ont point de prix & ce ſont les plus chers. Quand ces ouvrages ſont vendus aux étrangers au-deſſus de leur prix, c'eſt-à-dire bien au delà de ce que la matiere & la main d'œuvre ont couté, M. Merc. ne veut pas que ce ſoit ſur les étrangers que ſe faſſe ce bénéfice. Lorsqu'on veut attaquer l'évidence & la réalité, il faut donner la torture à ſon eſprit pour inventer des raiſonnemens forcés, qui puiſſent prouver, que ce qui eſt vrai, clair, tout ſimple & tout naturel, n'exiſte point.

Le gain que procure la vente d'un ouvrage à l'étranger, eſt pour le commerçant ſeul, ou de moitié avec l'ouvrier, dont il l'aura acheté. La ſomme d'argent ou la quantité de marchandiſes données en échange de ce travail, viennent entiérement & abſolument de l'étranger ; il faut de grandes ſubtilités pour vouloir démontrer que la nation qui reçoit ce bénéfice, le paie elle-même. Il y a contradiction, ſoit qu'on enviſage la vente de l'ouvrier au commerçant, ou celle du commerçant à l'étranger. Le premier maître de ſon ouvrage, tant que la néceſſité ne le forcera pas à s'en défaire, le vendra autant qu'il pourra, ſans aucune proportion avec les dépenſes qu'il aura faites, dont il n'eſt obligé de rendre compte à perſonne; ceci retomberait ſur la différente frugalité des ouvriers, & il faudrait rechercher ceux qui ſeraient ſobres ou gourmans.... pourquoi enchaîner un rapport auſſi libre & auſſi arbitraire? Un peintre ne dépenſe qu'un louis en nourriture & en couleurs, pour faire un tableau de cent, de mille ou de vingt-mille écus. M. Merc. prétend que les étrangers, qui paieront ce tableau, ne ſont pas ceux, ſur qui le peintre gagne, mais que le bénéfice eſt pris ſur ſa nation. L'on aurait bien tort de ne vouloir pas mettre en compte les ouvrages des artiftes, puis qu'ils l'emportent fur les autres par leur prix & leur valeur.

Si c'eft le commerçant, qui vend l'ouvrage aux étrangers, plus cher que l'ouvrier ne le lui a vendu, comment venir faire retomber ce bénéfice aux dépends de la nation, chez laquelle il le rapportera à fon retour? Dans tout ce paffage M. Merc. n'admet d'autre valeur aux ouvrages, que celle des dépenfes néceffaires des ouvriers. Je conviens que ces dépenfes doivent beaucoup influer fur la production des arts les plus groffiers, dont les manœuvres n'ont rien de plus preffé que de vivre, mais encore dans ceux-ci, ainfi que dans tous les autres, obfervez bien que ce n'eft ni le journalier, ni le mercenaire, ni le falaire qu'on leur paie qui forme le commerce, mais le fabriquant ou manufacturier qui entretient ces ouvriers: & quoiqu'il fuppute ces dépenfes avec toutes les autres, le bénéfice, toujours fupérieur à tous ces objets, n'eft dépendant d'aucun, ou eft dépendant de tous; mais fuppofons avec M. Merc. que le prix d'une chofe dépende néceffairement & uniquement des dépenfes de l'ouvrier, le bénéfice de fon ouvrage fera-t-il pris fur fa nation, parce qu'il a été obligé de le dépenfer dans fa nation? au contraire ne doit-on pas dire que plus l'étranger mettra vos ouvriers en état de faire des dépenfes, plus il enrichira votre nation, en facilitant votre confommation & en en faifant les frais.

Mais encore un coup, que veut M. Merc....? Sera-ce en vendant des ouvrages au-deffous de leur prix néceffaire, que la nation fera du bénéfice? l'on doit croire que c'eft fon intention, puis qu'il prétend qu'à mefure qu'elle gagnera d'avantage, ce bénéfice fera pris fur elle. Ainfi, fuivant lui, il faut bien fe garder de faire des grands bénéfices fur l'étranger.

XLVIII. *Les fabriquans de dentelles font d'une valeur de vingt fous, celle de mille écus. Au profit de qui paffe cette multiplication énorme de valeur? Quoi, ceux par les mains desquels elle s'opere, ne connaiffent pas l'aifance.* Hélas non! les ouvriers en dentelles ne font gueres plus riches que les laboureurs. Mais ils vivent, ils s'entretiennent, ils peuplent. Ici comme dans tous les arts, il faut bien diftinguer l'ouvrier qui n'a que fon falaire & le propriétaire ou principal qui le lui paie, ainfi que M. Merc. diftingue le laboureur du propriétaire foncier. Il préfente donc fous un faux point de vue, le produit de cette dentelle, en le mettant en oppofition à la petite fortune des ouvriers, qui l'ont travaillée. Malgré cela, ne laiffez pas d'obferver cette multitude de mains dans lesquelles a passé cette multiplication de valeur. Evaluez le mouvement accéleré de la circulation par ces mille écus, voyez tous ces ouvriers nourris, & entretenus. Voyez que cette dentelle, même sans sortir de la nation, opere une consommation, une circulation très avantageuse à l'Etat; c'est un ruisseau qui arrose tout. Mais si vous ajoutez au salaire des ouvriers, & au gain des fabriquans, le profit qu'en sera le commerçant, qui portera la dentelle chez l'étranger, ce sera bien autre chose. L'exemple cité prouve que dans la main des arts & du commerce, une matiere de vingt sous peut produire la valeur de mille écus, nourrir & entretenir plusieurs ouvriers, & après avoir apporté un bénéfice au fabriquant, enrichir encore le commerçant qui l'exporte. Vingt sous que vous aurez mis dans l'agriculture, que produiront-ils? Combien nourriront-ils de personnes, combien en enrichiront-ils? Triste & facheux parallele!

XLIX. *Le commerce extérieur*, dit-il, *n'est qu'un pis aller, qu'un mal nécessaire.* M. Merc. n'a pas plutôt avancé cette énorme hérésie, qu'il se hâte de la contredire: *son utilité*, ajoute-t-il, *peut bien conduire une nation, à son meilleur état possible..... mais lorsqu'elle y est une fois parvenue, elle ne fait plus le même usage des*

des ſecours, dont elle avait beſoin pour y arriver.... ſon commerce extérieur diminue en raiſon inverſe de ſon commerce intérieur. Parvenir au meilleur état poſſible eſt une chimere, qui n'a jamais exiſté & qui probablement n'exiſtera jamais : mais comment M. Merc. peut-il appeller un pis-aller, un mal néceſſaire, le moyen qui peut conduire à ce meilleur état poſſible ? Enſuite, pourquoi y étant parvenue, une nation ne pourrait-elle plus faire le même uſage des ſecours, qui lui auraient ſi bien réuſſi ? l'expérience prouve que le commerce extérieur des nations augmente en raiſon double & triple de leur commerce intérieur ; voyez l'Angleterre & la Hollande, ou plutôt voyez, cherchez partout où vous pourrez trouver un commerce intérieur floriſſant & vous y verrez fleurir l'autre. Mais ne ſerait-ce pas un plaiſant motif pour empêcher une nation d'employer un moyen pour parvenir au meilleur état poſſible, de lui dire qu'elle abandonnera ce moyen, dès qu'elle ſera parvenue à ce haut degré de puiſſance & de richeſſes ; & ſuppoſez que croyant n'en plus avoir beſoin, elle vînt à l'abandonner, qu'en réſulterait-il ?

L. MAIS, demande M. Merc., *en quoi conſiſtent-ils ce juſte & cet injuſte abſolus ? préſentent-ils dans leurs principes, ou dans leurs conſéquences des vérités compliquées ? des vérités à la connaiſſance desquelles notre intelligence ne puisse s'élever que par de grands efforts? non, il n'est point d'homme, à qui la nature n'ait donné la faculté de voir évidemment ces vérités à l'aide de la lumiere, qui éclaire en eux cette faculté.* Il ajoute : *cette lumiere luit dans les ténebres, éclaire tout homme venant dans ce monde & qui est la vie des hommes. Ce sont nos sensations physiques & involontaires, qui forment en nous cette lumiere, par l'attention, que nous leur donnons : au moyen de cette attention naturelle & volontaire, nous sentons, nous voyons évidemment qu'il est d'une nécessité & par conséquent d'une justice absolue, que nous ne soyons point arbitrairement troublés dans le droit d'acquérir & de conserver les choses utiles à notre existence. Nous voyons évidemment que cette justice & cette nécessité sont nécessairement les mêmes, dans tous les êtres de notre espece, qu'elles assujettissent invariablement chacun d'eux en particulier à ne point faire aux autres, ce qu'il ne voudrait pas qu'il leur fut fait.* Voilà enfin les principes que pose M. Mercier pour la bâse de tout son systême & ces principes dont il a tiré tant de conséquences sont nos sensations physiques & involontaires : sensations, que nous avons communes avec toutes les brutes sociables ou non ; sensations, qui ont été jusqu'à présent la source de tous les crimes & de tous les désordres de l'univers. L'on peut donc, ou plutôt l'on doit nécessairement en tirer des conséquences opposées aux siennes.

Nous sommes portés par ces sensations à nous procurer tout ce qui est utile à notre existence, aussi bien qu'à tout ce qui nous est agréable, nous sommes incités, forcés même, par ces sensations à employer la violence, la ruse & l'injustice pour satisfaire nos besoins physiques; leurs ordres nous obligeront toujours à recourir aux moyens les plus prompts, à ceux surtout qui nous coutent le moins, c'est-à-dire que pour obéir à nos sensations physiques & involontaires, nous n'hésiterons pas de voler, un bien qui se feroit trop attendre, soit en le semant, soit en le plantant. Jamais nos sensations physiques ne permettront de réfléchir, si les objets que nous desirons apartiennent à d'autres ou non; l'on peut même dire que jamais nous ne commettons des actes d'injustice, qu'en faisant attention, comme le veut M. Merc., à nos sensations physiques & je les regarde comme la source de toute l'injustice de ce bas monde.

Pour ce qui s'agit des motifs de conserver, ils sont bien différens de ceux que nous dictent nos sensations physiques & involontaires, qui n'ont jamais pour objet que le besoin ou le plaisir du moment; & c'est pour cela que nous serions plus portés à la juſtice pour conſerver que pour acquérir ; mais ces motifs viennent fort tard dans l'esprit, je veux dire que ce n'eſt qu'à la ſuite de bien des réflexions, que la prévoyance a dû naître : elle eſt le fruit de la prudence ; & l'on ſent néceſſairement que ces combinaiſons compliquées ne ſont point venues avec nous dans le monde ; c'eſt une lumiere acquiſe à nos dépends, qui bien loin d'être naturelle eſt ignorée de Sauvages qui ſuivent de plus près la nature. Les enfans, que nous citons encore, comme dans l'état le plus voiſin de la pure nature, agiſſent par un principe diamétralement oppoſé au juſte : bien loin de ne pas faire aux autres ce qu'ils ne voudraient pas qui leur fut fait, ils veulent tout uſurper, s'emparer de tout ce qu'ils voient, ſans s'inquiéter des moyens. Leurs ſenſations phyſiques parlent, mais le juſte, ou l'injuſte ne dit mot. M. Merc. dira-t-il que les enfans n'ont pas encore les idées innées, ou qu'elles leur ſont inutiles : l'une ou l'autre de ces deux asſertions infirme ſon ſyſtême.

Quand même l'on ſuppoſerait que ce juſte & cet injuſte abſolus exiſtent, dès que les hommes peuvent ſe ſouſtraire à ſon empire, ou plutôt dès que les hommes peuvent l'ignorer, comme ils l'ignorent en effet, à peine oſerait-on en conclure quelque choſe en faveur de la morale ; mais la politique ne doit point s'étayer sur des systèmes métaphysiques; ce sont des faits & des réalités, qui doivent la diriger. Une théorie de mots n'est ici qu'un fantôme, que l'évidence physique des intérêts de la Société dissipe aisément. Les législateurs ont bien moins eu besoin de spéculer sur des idées innées, que de savoir les différens ressorts, qui font mouvoir le cœur humain; ce sont les passions des hommes, qu'ils se sont étudiés à employer, à ménager, à calmer & à diriger suivant l'intérêt général, & ne connaissant ni juste, ni injuste absolu, c'est pour fixer un juste rélatif que toutes les loix ont été créées.

LI. *Mes freres*, reprend M. Mercier, *l'ordre immuable de la nature est que chacun soit pleinement propriétaire de sa personne & de ce qu'il acquiert par ses recherches, & par ses travaux: ce double droit est d'une nécessité absolue, & dans cette nécessité par essence, nous découvrons tous les premiers principes d'une justice par essence, dans laquelle nous devons puiser toutes les conventions, qu'il nous faut adopter pour notre félicité commune.* Peut-être y a-t-il quelque chose de vrai dans la moitié de cette premiere proposition; je veux dire que peut-être la propriété personnelle est un ordre immuable de la nature; quoique sans doute il soit très mal exécuté: il y a bien plus de nations, où cette propriété n'exiſte pas, que de celles où les hommes ſoient libres : l'hiſtoire de tous les ſiecles nous apprend que les guerriers ſe ſont toujours ſouſtraits à cet ordre ; mais laiſſons-là la propriété perſonnelle ; je dis que l'ordre immuable de la nature n'a jamais été, que chacun fût pleinement propriétaire de ce qu'il acquiert par ſes recherches & par ſes travaux, mais ce doit être l'ordre des ſociétés politiques. Quel interprête des ordres de la nature pourra les prolonger au delà des beſoins du moment? tout ce qui eſt compliqué ne peut plus partir de ce principe : la nature eſt ſimple ; & ſi c'était elle & non pas notre prévoyance, qui nous obligeât à conſerver une propriété, lorſque nous l'avons, elle nous forcerait auſſi à nous emparer de celle d'autrui, lorſque nous n'en avons point. Mais qu'eſt-ce que la nature peut prévoir de nos recherches & ordonner ſur les propriétés qui en ſeront les ſuites ? puiſque plus l'on fait des recherches, plus l'on s'éloigne d'elle. Nous ſerions bien malheureux ſi notre félicité commune dépendait d'un ſyſtême ignoré par tout l'univers : l'ordre immuable de la nature, auquel perſonne n'obéit, devrait faire notre unique ſureté. Pourquoi chercher ſi loin la choſe du monde la plus ſimple? c'eſt dans un juſte rélatif à nos intérêts particuliers, combinés avec ceux de la ſociété que nous trouvons un modele de toutes nos conventions.

Ce prétendu juſte abſolu, s'il exiſtait, pourrait peut-être nous faire ſaints, mais il nous rendrait très malheureux, ſurtout ſi nous étions environnés de voiſins, qui ne vouluſſent pas l'écouter avec autant de ſoumiſſion que nous. Rien n'eſt, ni ne peut être immuable parmi nous; il n'y a ni néceſſité abſolue, ni néceſſité par eſſence, tout eſt libre, tout eſt relatif & lorsque l'on parle d'une juſtice par eſſence, c'eſt de Dieu que l'on parle. Au reſte il eſt très ſuperflu d'alléguer des ordres inconnus de la nature, comme devant être immuables, puisque les ſuppoſant vrais l'on doit ſavoir que la politique nous éloigne tous les jours de l'état où la nature nous avait placés, bien loin d'obéir à ſes ordres.

LII. La *conſommation & la réproduction, voila les deux objets capitaux, qui intéreſſent l'humanité; c'eſt à ces deux objets, que ſe rapportent directement & indirectement tous les devoirs & tous les droits réciproques, que les hommes contractent entre eux; auſſi eſt-ce à l'occaſion de ces deux objets, que ſe forment les divers etats, qui compoſent une ſociété.* L'on pourrait reprocher ſans ceſſe à M. Mercier, qu'il ne ſonge uniquement qu'à nourrir les peuples, il ne voit autre chose. Avoir du pain aujourd'hui & du bled pour en faire demain, voilà les deux objets de tous les devoirs & de tous les droits. La consommation est nécessaire, la réproduction est essentielle, cela est vrai, une bonne police suffit pour entretenir l'une & l'autre; mais il y a mille & mille autres objets, qui forment les divers états d'une société: la politique, qui est le lien principal, a des vues générales, tandis que les petits motifs, qui animent chaque particulier sont fondés sur d'autres; de ces vues naissent les divers états d'une société, qui sont autant multipliés, que les divers intérêts de ceux qui la composent. Les plaisirs, le pouvoir, l'ambition & en général toutes les passions des hommes, l'étude, les sciences, les beaux arts, le luxe, le jeu, les spectacles, la chasse, la pêche & les amusemens de toute espece ....puis les guerres & tous les corps militaires, les conquêtes & tout ce qui est relatif à une animosité de nation à nation, puis l'admistration de la justice & tous les corps de magistrature, la police & tous ses détails.... la cour & tous les courtisans, ministres, ambassadeurs... enfin la religion & tous les ecclésiastiques.... voilà bien des états qui composent la société & qui ont tout autre objet que la consommation & la réproduction. L'on doit même dire que si l'on en excepte le commerce & les arts qui produisent & donnent aux matieres bruttes la préparation nécessaire pour être consommées, si l'on en excepte encore l'agriculture & l'augmentation qu'elle procure aux semences qu'elle emploie, tous les autres états de la société, tous les droits, tous les devoirs sont dus à tout autre objet qu'à ceux de consommation & de reproduction. Comptez, parcourez les sociétés, & vous trouverez qu'ici, comme ailleurs, l'on peut toujours tirer une conséquence toute différente de celle de M. Mercier.

LIII. En parlant de représailles, il dit : *que nous fermions nos ports à ceux qui nous ferment les leurs.... cette représaille blesserait notre liberté par conséquent nos droits de propriété.* Cette conclusion n'est pas de grande conséquence, mais il me semble que ce n'est pas blesser sa liberté que d'en faire usage. D'ailleurs il parait que si toutes les nations usaient de ces mêmes représailles envers celle qui ferme ses ports, elle serait bientôt obligée de les ouvrir.

LIV. Il *est facile & même conforme a l'ordre de perpétuer cette même évidence par l'instruction, en prenant les mesures nécessaires, pour que tous les membres du corps social puissent y participer.* L'on croirait qu'en prenant tant de mesures pour instruire chaque membre particulier du corps ſocial, M. Merc. n'a en vue qu'un gouvernement démocratique, ou le dernier des citoyens fait portion du ſouverain : point du tout; c'eſt un despote qu'il veut établir, qui eſt obligé d'apprendre, ou de faire apprendre à tous ſes ſujets, que ſes loix ſont évidentes & conformes au prétendu juſte abſolu, pour qu'ils veuillent bien s'y ſoumettre. Les ſociétés politiques ne reconnaiſſent qu'une obéiſſance aux loix, d'autant plus aveugle, qu'elles approchent plus de ce despotisme.

Conſtitution fatale, qui n'admet ni inſtruction, ni conſentement préliminaire, ni retard, ni réplique. Mais quelle pourrait être une inſtruction, qui mettrait tous les hommes d'accord? phénomene inconnu & peut-être impoſſible parmi nous. L'impoſſibilité de faire concevoir à tous une même évidence, rend cette inſtruction fort inutile.

LV. *Entre les vertus ſociales & l'ordre eſſentiel des ſociétés, il eſt cette différence, que les vertus peuvent exiſter paſſagérement ſans l'ordre, mais que l'ordre ne peut jamais exiſter ſans les vertus.* C'eſt donc ici un beau traité de morale impoſſible: vouloir former une nation toute vertueuſe, eſt ſans doute une entrepriſe bien admirable, mais auſſi une prétention très chimérique. L'exécution ou l'application de ces préceptes ne peuvent être que les souhaits d'une ame vertueuse & sensible; mais pour peu qu'on connaisse les faiblesses du cœur humain, il n'est plus permis d'espérer une pareille perfection dans tout un peuple. Dire que l'ordre essentiel ne peut jamais exister sans les vertus, c'est convenir qu'il n'a jamais existé, c'est prédire qu'il n'existera jamais.

LVI. *Une seule réflexion suffirait pour prouver qu'aucun gouvernement de l'antiquité n'a conçu la premiere idée de l'ordre essentiel des sociétés.... il n'y en a pas un, qui n'ait été conquérant, ou n'ait voulu l'être.* Tout le monde est ici bien d'accord avec M. Merc., cet ordre essentiel n'a jamais été sçu de personne; ce n'est cependant pas l'idée de conquêtes, qui le prouverait, car une nation heureuse aurait pu desirer de rendre les autres aussi heureuses qu'elle & tâcher de les conquérir pour leur propre bonheur. Mais tout ceci ne fait rien au fond de la question; je dirai seulement que puisque, selon M. Merc., aucun gouvernement de l'antiquité n'a conçu la premiere idée de l'ordre essentiel des sociétés, aucun gouvernement de l'antiquité n'a conçu la premiere idée du juste absolu, qui aurait dû nécessairement produire cet ordre, ou tout au moins en donner la premiere idée.

LVII. Il ajoute que les *maux, qui ont affligé l'humanité ne paraissent naturels que parce qu'ils résultent naturellement & nécessairement des écarts, dans lesquels notre ignorance nous a fait tomber.... que les causes qui ont produit ces maux, sont factices.* Les maux de l'humanité ne sont donc que les effets de l'ignorance? que les savans seraient heureux! mais parce que notre ignorance nous a pu faire tomber dans des écarts, qui ont produit quelques maux; faut-il les lui tous attribuer? ce serait bien plutôt nos sensations physiques, qu'il faudrait en accuser: oui ces sensations, & le desir de les satisfaire, font naître la plupart de nos passions; ceux qui sont les plus instruits en ont d'avantage encore, que ceux auxquels l'ignorance les dérobe. Quelle foule de malheurs, très fréquens en Europe, dont l'ignorance des Sauvages les a préservés; car plus les causes de nos maux seront factices, comme le prétend M. Merc., plus il faudra d'art pour les produire. C'est ainsi qu'en attribuant toujours tout à un seul principe, en voulant faire tout dériver d'une unique source, l'on doit nécessairement se tromper.

LVIII. Nous avons analisé les principales propositions du systême de M. Mercier; nous les avons parcourues, en suivant l'ordre qu'elles tiennent dans son livre; ses principes, que nous avons discutés, nous ont presque partout fourni des conséquences quelquefois opposées, mais toujours contraires aux ſiennes. Ils nous reſte à jetter un coup d'œil ſur l'ouvrage d'un de ſes ſectateurs : c'eſt M. *Dupont* qui a commenté *l'ordre naturel & eſſentiel des ſociétés politiques.*

EXAMEN DU LIVRE INTITULÉ,

L'Origine & les progrès d'une ſcience nouvelle.

LIX. Nous avons dit que M. Dupont a commenté l'ouvrage dont nous venons de combattre le ſyſtême; il a très bien exécuté ſon projet, ſon ſtile eſt fort coulant & très agréable; il adoucit beaucoup ces expreſſions énormes & outrées, ces conſéquences exagérées & infinies de ſon auteur; mais le défaut de tout commentateur eſt d'être toujours trop ſervile admirateur de ſon modele: pour élever M. Merc., il veut diminuer la gloire des plus grands hommes; en faiſant l'éloge des prétendues découvertes qu'il lui attribue, *voilà*, dit M. Dupont, *ce que ne ſavait pas Montesquieu.* Je ne crois pas que perſonne ait jamais ſoutenu que Montesquieu ſavait tout; mais je ſais bien que s'il y avait quelques conſéquences à tirer, de ce que Montesquieu ignorait une nouveauté, qu'on donne pour bâſe d'un ſyſtême propoſé ſur une matiere que ce grand homme à ſi ſavamment approfondie, elles ſeraient sans doute au désavantage de ce systême. Dans des propositions contestées, le sentiment d'un grand génie doit avoir une sorte de prépondérance.

LX. *Plus les productions consommables, se multiplient*, dit M. Dupont, *& plus les hommes peuvent se procurer de jouissance & par-conséquent plus ils sont heureux.* Cela est vrai, si ce sont des productions pour le commerce, qui sont de tous les tems, de tous les besoins, de tous les lieux & de tous les gouts; mais cela sera tout différent & très contraire à l'expérience, s'il s'agit des productions de l'agriculture. Parcourez toutes les provinces du monde entier & vous y trouverez précisément le contraire: voyez celles dont nous avons parlé,. l'Egypte, la Pologne, la Hongrie, la Barbarie, &c. les productions consommables s'y multiplient plus qu'en aucun autre pays; évaluez leur jouissance? calculez leur bonheur.

LXI. *L'autorité, n'est pas instituée pour faire des loix, car les loix sont toutes faites par la main de celui, qui créa les droits & les devoirs.* Où sont-elles donc ces loix saintes, ces loix divines? Elles devraient être partout les mêmes. Nos droits & nos devoirs étant relatifs & infiniment multipliés, varient chez tous les hommes & dans toutes les sociétés; ainsi ils n'ont point été créés, mais il naisſent chaque jour tantôt de nos interêts, tantôt de nos conventions & toujours de nos loix, dont ils ſont l'effet & non pas la cauſe.

MAIS, dit-il, l'autorité n'eſt pas inſtituée pour faire des loix. Lorsqu'une nation s'aſſemble & ſe donne un ſouverain, lorsqu'elle lui accorde le pouvoir légiſlatif, lorsque le contrat ſocial, tel qu'on veuille le ſuppoſer, inſtitue une autorité, il l'inſtitue principalement pour faire des loix. Le pouvoir légiſlatif eſt l'eſſence de l'autorité, & lorsqu'elle diſtribue les autres pouvoirs, elle ſe réſerve toujours celui-là. Si le Prince n'avait pas le droit de faire des loix, il ne ſerait pas ſouverain, mais magiſtrat; ainſi il n'aurait pas l'autorité, elle ne réſiderait que dans les loix, auxquelles ils ſerait ſoumis malgré lui.

S'IL exiſtait un dépôt de loix toutes faites, elles devraient être gravées dans l'ame de tous les hommes. Combinez le nombre infini des rélations qui exiſtent & qui ſe multiplient ſans ceſſe & vous verrez, que deux loix diamétralement oppoſées l'une à l'autre peuvent être très bonnes, très juſtes, très ſaintes toutes les deux, ſuivant la variété des circonſtances. Mais cherchez ce dépôt: ſi vous ne le trouvez pas, ſi perſonne ne l'a ſçu trouver jusqu'ici, ou plutôt s'il eſt ignoré d'un ſeul homme, il n'exiſte pas.

LXII. Il *y a donc*, dit M. D...., *un juge naturel & irrécusable des ordonnances même des souverains, & ce juge est l'évidence de leur conformité ou de leur opposition aux loix naturelles de l'ordre social... la cause du respect & de l'obéissance entiere que nous devons aux loix, vient de ce qu'elles sont avantageuses à tous.*

Elles devraient l'être; mais malheureusement l'état actuel des Sociétés politiques veut qu'on leur obéisse, quand même une portion de la nation n'y trouverait aucun avantage, quand elle croirait y voir son désavantage. Une loi, qui serait avantageuse à tous, serait une merveilleuse loi, mais chaque interêt particulier est opposé dans certains cas à d'autres intérets particuliers, ainsi l'on regarde comme une bonne loi celle qui est avantageuse au plus grand nombre, & cependant cette loi ne laisse pas d'obliger le petit nombre, qui n'en retire aucun avantage.

Si l'évidence de la conformité aux loix naturelles étoit nécessaire, pour que les sujets dussent s'y soumettre, combien de conséquences ne tireroit-on pas de cette nécessité? Qui serait d'accord sur cette évidence? & supposons cette évidence généralement reconnue, ces loix admises & révérées, quel besoin auront-elles dans la suite de faire connaître de nouveau leur évidence? l'aveu général, &

leur

leur exécution conſtante leur donnant un crédit fixe & déterminé, elles ſeront despotiques dans la ſuite, je veux dire qu'en ſurvenant des cas où elles deviendraient très déſavantageuſes, perſonne n'oſerait s'y ſouſtraire. L'on voit donc que cette évidence eſt autant néceſſaire pour leur exécution, que pour leur création, ainſi l'on retombe dans le cas précédemment diſcuté, où chaque particulier devrait donner ſon conſentement à la loi chaque fois qu'elle devrait être exécutée. Mais où trouverait-on une petite ville, dont tous les habitans fuſſent là deſſus d'un conſentement unanime? Donner aux loix pour juges, ceux qui doivent les exécuter, n'eſt-ce pas fournir à chaque individu des prétextes pour s'y ſouſtraire? quelle eſt la propoſition évidente qui n'a pas été conteſtée? notre exiſtence même n'a-t-elle pas été miſe en queſtion, ou du moins celle de tous les corps, qui nous environnent?

Les principes de ce ſyſtême accordent à chaque ſujet le droit funeſte du *liberum veto*, droit ſi fatal à toute une nation, quoiqu'il ne ſoit qu'entre les mains d'une petite partie de cette nation; que doit-on attendre lorsque ce droit ne s'accorde pas aux nobles ſeulement, mais à tous les particuliers de l'Etat? M. Mercier donne par là à tous les membres de la Société le pouvoir législatif: car le droit d'approuver les loix eſt bien plus eſſentiel, que celui de les propoſer.

C'EST pour prévenir tous les inconvéniens, qui réſulteraient ſans ceſſe de la diverſité d'opinions de tout un peuple qu'on a dépoſé dans les mains d'un ſeul ou des principaux le pouvoir de créer les loix. Vouloir propoſer aujourd'hui de changer cette convention des ſociétés, c'eſt mettre en queſtion le contrat ſocial. Cette convention, qui n'eſt à préſent que tacite, n'eſt peut-être que le droit du plus fort, mais tant que ce droit ſubſiſte, l'on ne peut tenter aucun effort pour l'ébranler, ſans afficher la révolte.

MAIS, dira-t-on, un Philoſophe verra-t-il tranquillement ſa patrie déchirée par des loix injuſtes? Cette queſtion eſt très délicate & je n'entreprends point d'y répondre ici; mais s'il eſt des moyens de réformer une legiſlation établie, je penſe que c'eſt à ceux qui font les loix qu'il faudrait s'adreſſer, plutôt qu'à ceux qui doivent les obſerver. Ceci n'eſt point étranger au ſyſtême de M. Merc. car ſuppoſant que ce fut un peuple nouveau, qui n'a point encore de loix, auquel on voudrait donner une heureuſe conſtitution, il me ſemble que ce ne ſerait pas en lui nommant un légiſlateur unique, pris dans le hazard d'une naiſſance héréditaire.... M. Merc. a bien ſenti tout le poids de tant difficultés, car il s'eſt toujours contenté de renvoyer ſes loix à des principes ſublimes, mais méconnus & ignorés de tous les hommes, ſans entreprendre d'en propoſer une ſeule, formée ſur un auſſi beau modele: c'eſt cependant ce qu'on était en droit d'attendre de lui, d'autant plus que, comme il l'avoue lui-même, perſonne ne s'était encore apperçu avant lui de cette ſource ſainte, qui doit être l'unique origine des loix. Si l'impôt unique, dont il veut charger l'agriculture, eſt un exemple de cette légiſtation nouvelle, l'on verra par l'oppoſition ſeule que mon ame éprouve à la prétendue évidence, ou aux avantages de cette loi que l'ame de pluſieurs autres pourra s'y refuſer de même: car je proteſte ici que cette répugnance eſt ſi forte en moi, que je crois bien mériter de la Société en tachent de la mettre en garde, contre ce que peut avoir de ſéduiſant ce nouveau ſyſtême.

LXIII. M. Dup. croit ſauver la difficulté en diſant *qué le pouvoir légiſlatif, qui ne peut pas être celui de créer, mais ſeulement de déclarer les loix, d'en aſſurer l'obſervance, appartient excluſivement au Souverain.* Tout cela veut dire que les légiſlateurs ne ſont pas légiſlateurs. Mais ſi le Souverain ne fait que déclarer les loix, il les fait donc déjà, & dans le cas qu'elles exiſtaſſent de même dans l'ame de tous les hommes, avant ſa déclaration, ſans lui elles ſeraient connues de tous les hommes, ainſi ſa déclaration ſerait très inutile. C'eſt donc le prétendu juſte abſolu qui ſera le véritable légiſlateur, mais ce juſte abſolu ayant été ignoré de tous les peuples, comme le dit M. Merc., où l'ira-t-on chercher?

LXIV. *Les magiſtrats*, dit M. Dup., *ſont réligieuſement obligés de commencer par juger les loix poſitives.* Voici des magiſtrats bien plus puiſſans que leur Souverain, qui n'a que le droit de déclarer les loix, tandis qu'ils ont celui de les juger. Or, juger les loix, c'eſt ou les condamner, ou les approuver, c'eſt, ou les rejetter, & pour lors elles ne ſont plus rien, ou les admettre, & ce n'eſt que dès ce moment qu'elles deviennent loix. Ce ſont donc les magiſtrats, qui donnent la ſanction aux loix, ce ſont donc les magiſtrats, qui ſont légiſlateurs. N'eſt-ce pas un plaiſant deſpote que ce Souverain?

M. Dup. ajoute que ce qui eſt avantageux aux ſujets, accroit la puiſſance & l'autorité des Souverains. La diminution des impôts eſt ſans doute très avantageuſe aux ſujets, il faudrait des grands détours, pour prouver qu'elle accroit la puiſſance & l'autorité des Souverains.

LXV. *Si l'on établiſſait des impoſitions ſur les perſonnes, les marchandiſes, les dépenſes, la con-*

sommation, la perception de ces impositions ferait fort couteuse, leur existence générait la liberté des travaux humain, augmenterait nécessairement les fraix du commerce & de culture. L'on pourrait tirer des conséquences toutes contraires de ces impositions : les personnes étant taxées devraient porter elles-mêmes leur capitation au lieu convenu, la perception ne ferait par-conséquent pas si couteuse; les impôts sur les marchandises, les dépenses, la consommation n'exigeraient que quelques commis; & tout ceci ferait d'autant moins onéreux & plus facilement payé, que ceux qui achetent des marchandises, qui consomment & qui font des dépenses, ont la matiere de l'impôt, je veux dire de l'argent, tandis que les cultivateurs n'ont que des denrées : helas! c'est chez ceux-ci, qu'il faut aller souvent pour la perception de la taille & autres impositions! mais qu'importent ces fraix? Il sont nécessaires dans tous les cas & enfin ils font une circulation de plus. Mais comment les impôts que doit un particulier, peuvent-ils lui ôter la liberté de ses travaux tandis que au contraire il est plus intéressé à augmenter son travail : ce ferait un moyen pour donner de l'activité aux paresseux.

Nous avons dit que s'il n'y avait aucun impôt

ſur le commerce, l'Etat ne devra plus aux commerçans aucune ſureté, il n'y aura plus pour eux de puiſſance tutelaire: ils auront à ſe défendre au dedans des fraudes, des ruſes, des injuſtices, des..... & au dehors des corſaires, des pirates; ... ces défenſes couteraient infiniment à chacun d'eux, ou plutôt aucun particulier ne pourrait jamais aſſurer ſa tranquillité, en faiſant les plus grands fraix; voilà que par un modique impôt, la puiſſance tutelaire tient en paix & en ſureté tout le commerce, les marchands, les vaiſſeaux, les fabriques, les manufactures, les marchandiſes & tout enfin ce qui contribue à l'impôt.

M. Dup. prétend que ces *impoſitions feraient baiſſer les ventes de la premiere main*; d'où il tire mille concluſions; *les cultivateurs*, dit-il, *abandonneraient la culture.* Ce ſont bien là les conſéquences de M. Merc. les cultivateurs abandonneraient la culture, parce que dans l'Etat il y aurait d'autres perſonnes qu'eux, qui payeraient l'impôt; il faut donc qu'ils aient ſeuls cet avantage, ſans quoi ils partent. Nous allons bientôt diſcuter cet article.

LXVI. *Le ſort*, dit-il, *des propriétaires fonciers doit être le meilleur poſſible & leur état doit être préférable à tout autre.* Les propriétaires fonciers font dans la Société ceux, qui travaillent le moins pour elle, tandis que tous les autres particuliers s'occupent & concourent au bien général; pourquoi faudra-t-il que ce soit précisément ceux qui ne font rien qui jouissent du meilleur état possible? Outre l'injustice morale de cette distribution, il s'y en trouve encore une physique: la quantité des fonds étant bornée, le nombre des propriétaires fonciers sera limité; il n'y aura donc que la millieme partie des habitans, qui doivent jouir du meilleur état possible, & cela parce qu'ils sont les plus fainéans & les plus inutiles. Si c'était les cultivateurs, cela serait un peu différent; mais les propriétaires fonciers jouissant du meilleur état possible, qu'arrivera-t-il? Tous les vœux, & les desirs des autres membres de la nation seront inutiles, aucun de ceux-ci ne parviendra à avoir des terres, puisque ceux qui les possedent sont les plus riches; il est donc très inutile de rendre cet état préférable à tous les autres, puisque personne n'y pourra parvenir.

Mais si vous voulez rendre leur condition, la meilleure possible, supprimez l'impôt que leurs fonds paient & les voilà enrichis tout d'un coup; ils seront mieux en état d'augmenter les dépenses foncieres, de payer un plus grand nombre d'ouvriers, de faire des améliorations... De ce principe opposé au systême nouveau, l'on tirerait, avec bien plus de raison, toutes les conséquences de M. Mercier.

LXVII. *L'impôt*, dit M. Dupont, *est très avantageux aux propriétaires fonciers, puisqu'il étend leurs richesses & les jouissances qu'ils peuvent se procurer*. Voyez je vous prie la page 58. de son livre; car on ne saurait s'imaginer que quelqu'un ait réellement & sérieusement avancé cette proposition. Vous y verrez jusqu'où l'esprit humain peut employer l'habileté du raisonnement & les détours nécessaires pour donner à ces paradoxes, une interprétation, qui ait quelque vraissemblance.

LXVIII. *Si le monarque*, dit-il, *au lieu de l'impôt, avait des domaines à faire valoir, pour en appliquer le revenu aux dépenses publiques, il ne pourrait remplir les fonctions de propriétaire foncier, sur une si grande étendue*. Tous les Souverains ont des domaines & personne ne s'est encore apperçu qu'ils en fussent embarrassés: cette proposition ne signifie rien, à moins que M. Dup. ne prétende que le monarque aille lui-même diriger les travaux de sa terre; c'est confondre alors le propriétaire foncier avec le cultivateur. Je me propofe de traiter cette matiere dans la feconde partie de cet ouvrage.

LXIX. *Il n'y a donc aucune ordonnance positive, fur laquelle on ne puiffe propofer cette question: s'agit-il d'augmenter nos moiffons, d'élever nos enfans & d'accroître le revenu du prince, ou de brûler nos récoltes, d'étouffer notre poflérité, de ruiner les finances publiques?* Ici M. Dup. tombe à fon tour dans ces extrémités outrées, qui tendent à trop prouver & qui ne prouvent rien. Ou M. Dupont parle ici des ordonnances pofitives dans un Etat conftruit fur le modele, qu'en donne M. Merc. & alors fon obfervation ferait inutile, puisque jamais il n'y en pourrait paraître de femblables; l'on n'y verrait que des ordonnances fages, juftes, fondées fur un jufte abfolu, dictées par un Souverain affocié à la raifon fuprême .... ou il parle des ordonnances pofitives, qu'on publie dans tous les pays, & dans ce cas les fujets n'ont pas le droit d'agiter ces questions; ce qui eft un très grand bien. Il ferait à la verité très malheureux pour un peuple, de craindre de fon Souverain des ordonnances pofitives, dont on pût tirer des conféquences auffi barbares, que celles que M. Dup. propofe; mais elles font contre toutes les vraiffemblances, puisque des ordonnances pareilles feraient beaucoup plus désavantageuſes au fou qui les ferait, qu'à ceux pour qui elles feraient faites : car des ſujets forcés à fuir, trouveraient partout un azile & des ſecours, mais un Roi ayant dévaſté ſes Etats, brûlé ſes moiſſons, étouffé ſa poſtérité, ruiné les finances publiques, ne rencontrerait plus de nouveaux Etats à dépeupler. Je dis donc qu'il ſerait encore plus malheureux à la Société d'avoir le droit de mettre toutes les loix en queſtion, avant d'être dans l'obligation de s'y ſoumettre. Si les triſtes effets de la diverſité d'opinions ne rempliſſaient l'hiſtoire de tous les tems & de tous les pays, de meurtres, de carnages & de malheurs, nous n'avons qu'à voir les ravages qu'elle cauſe ſous nos yeux. Les troubles affreux, qui dévorent une nation, où ce droit n'eſt pas même étendu au-delà d'une petite portion des citoyens, revoltent, effraient & déchirent l'humanité. Si M. Merc. voulait un peu réfléchir ſur les ſuites funeſtes du *liberum veto*, je ne croirai jamais qu'il veuille faire à ſa Société un auſſi fatal préſent.

LXX. *Le privilege de ſe faire mal à ſoi-même,* ajoute M. Dup. *n'appartient qu'aux foux, &*

la démence n'est pas faite pour le trône. Vous, qui voulez un despote héréditaire, s'il naît fou ou qu'il tombe en démence, vous devez pourtant le reconnaître ; mais si vous le reconnaissez Roi, avant de l'avoir reconnu homme, que deviendrez vous ? Si vous réfléchissez sur les diverses gradations, qui se trouvent entre la folie & la malice à quoi vous attendrez-vous ?

TELLES sont les conséquences, tels sont les principes de la science nouvelle : je n'ai cherché à leur opposer que la vérité, accompagnée de l'évidence & souvent de l'expérience.

SECONDE PARTIE.

RECHERCHES SUR LES MOYENS DE SUPPRIMER LES *IMPÔTS.*

I. LEs impôts ſont d'une néceſſité abſolue & indispenſable; elle eſt trop bien conſtatée par l'aveu de toutes les nations, pour qu'il ſoit beſoin de prouver que ſans eux il n'y a plus d'Etat. Cè n'eſt donc pas à les annihiler que nous nous occupons, mais à faire disparaître ceux d'aujourd'hui, pour leur ſubſtituer des moyens plus doux. Nous cherchons les ſoutiens de l'Etat dans des reſſources moins onéreuſes, que celles, dont les peuples ſont accablés; ainſi c'eſt à les délivrer ou tout au moins à les ſoulager du fardeau immenſe des impôts, que nous employons ces recherches. Ce joug accablant, & ce nom effrayant peuvent être ſupprimés: oui, l'on peut pourvoir aux befoins de la fociété, fans étouffer fes membres, les coffres de l'Etat peuvent être remplis fans exprimer le fang des malheureux.

Touché des plaintes & des longs gémiffemens, qui échapent de toute part, au feul nom des impôts, un philofophe fe repaît du plaifir d'y chercher & d'y trouver du remede. Les Cours ne connaiffent jamais la pefanteur de ce fardeau, fous lequel le grand ne fait que plier, tandis que le petit en eft écrafé. La Cour ne voit jamais cet humble laboureur, dont les pénibles travaux ne ceffent à l'entrée de chaque nuit, que pour recommencer le lendemain avant l'aurore: la Cour n'eft environnée que des grands, elle n'eft compofée que des riches, qui ne font qu'incommodés des impôts, tandis que les payfans en font ruinés.

Ceux qui ignorent la nature & les fuites cruelles de l'impôt, peuvent-ils le déterminer dans une jufte proportion? les charges, celles des terres furtout, ont fur les malheureux une influence, qui eft inconnue & presque ignorée dans les villes; les créateurs & les défenfeurs de la nouvelle fcience ne la connaiffent pas mieux. La Capitale eft une mer où tous les ruiffeaux, où tous les fleuves de la circulation viennent fe précipiter; jamais on n'y éprouve de fécherefse. C'eft là où un particulier jette en fuperfluités dans une heure, la valeur des journées de deux mille laboureurs.

Les peines & la misere regnent dans les campagnes; l'indigence & la faim poussent des soupirs que les villes n'entendent gueres & que la Cour ne soupçonne pas. Je ne viens point faire ici des lamentations, pour troubler les plaisirs des riches, ni semer des remords sur les momens les plus voluptueux de leur vie: non; il n'est ici question que de la dureté des impôts relativement aux agriculteurs.

Après avoir tracé des bornes à l'agriculture, je dois prendre le parti de ceux qui l'exercent contre les innovateurs de l'impôt unique. C'est à l'équité, c'est à l'humanité que j'obéis, en proposant les idées qu'on va lire. Si quelqu'un les condamne, j'en appellerai à sa propre conscience.

II. Les philosophes ne peuvent autre chose que proposer le bien, c'est leur devoir & leur plus grand plaisir; les Rois ont en main le droit de l'examiner & le pouvoir de l'employer, c'est l'obligation de leur état, c'est le plus délicicieux attribut de la souveraineté. Je vais de mon côté présenter des moyens, très simples, très aisés de faire un des principaux bonheurs de la société, je veux dire de procurer l'aisance au plus grand nombre de ses membres. Ces moyens, peut-être, très connus avant moi, ne me laissent d'autre mérite que celui de les propoſer encore, & de les propoſer toujours. Je n'aspire point à la gloire d'un ſyſtême nouveau, c'eſt la poſſibilité, la probabilité, la réalité des choſes que je recherche; & ſi quelques-unes de mes idées ſe rapportent à d'autres idées, elles ne doivent pas m'en être moins cheres, c'eſt le bonheur de mes ſemblables qu'elles ont pour objet; peut-être auſſi en ai-je que d'autres n'ont point encore eues; mais il ne s'agit pas ici de moi; ne nous occupons que du ſoulagement des malheureux.

III. Messieurs de la ſcience nouvelle, & avec eux tous ceux qui ne connaiſſent la campagne que par théorie ou par relation, regardent l'impôt comme un revenu que paient les champs & les terres, mais que ne paient, ni les propriétaires fonciers, qui en ont diminué le capital ſur l'achat de la terre, ni les fermiers auxquels il eſt escompté ſur la rente annuelle. Moyennant un arrangement, que la plume fait avec tant d'aiſance, il n'y a rien de ſi doux que cet impôt que perſonne ne paie & que la terre a ſoin toutes les années de reproduire. Erreur ſéduiſante, calcul injuſte & cruel, qui retombe toujours ſur ces malheureux, qui meurent de faim, en travaillant à nous nourrir! Pauvres laboureurs, vos plaintes ne peuvent jamais pénétrer les murs du palais, où l'on crée la loi de vos contributions mais qu'y viendriez-vous repréſenter ?

LES financiers ont combiné, le réſultat eſt clair, vous ne payez rien. Vos raiſonnemens peuvent-ils quelque choſe contre l'évidence du calcul? Les axiomes de l'arithmétique ſont des vérités ſans réplique : vos pleurs & vos haillons dépoſeraient vainement contre elles ; retournez gémir dans vos chaumieres, travaillez, ſuez, ſouffrez la faim & la miſere ; mais payez. Toutes les ſpéculations de ceux, qui repartiſſent les impôts, ſont étayées des vérités du calcul ; ils ſe croient juſtes en vous accablant ; ne les accuſez pas même de cruauté : c'eſt à une apparence ſéduiſante d'équité, c'eſt aux faux point de vue, que donne toujours la théorie, c'eſt à l'immenſe diſtance, qui vous ſépare d'eux, que vous devez vous en prendre. Ils ne connaiſſent pas tout le mal, qu'ils vous font, en un mot ils ignorent qu'ils ſont injuſtes.

IV. NOUS avons vu comment les Meſſieurs des villes enviſagent les impôts des campagnes ; mais à préſent voyons ce qu'ils ſont en effet : l'impôt regardé comme une opération de finances, qui pourvoit aux beſoins de l'Etat, doit être combiné & reparti ſur ces membres, en raiſon de leur facultés, mais les financiers, qui doivent proportionner cette taxe, aux richeſſes de chaque particulier

culier, ne s'occupent que de la forme de l'impôt, tandis que sa nature & son essence leur échapent. Il est très aisé d'errer dans les conséquences, lorsque l'on n'aprofondit pas les principes; l'apparence de la justice & la meilleure intention ne justifient pas des opérations, dont on voit constamment les suites les plus fâcheuses: ceux, qui ont en main les clés de la misere du peuple, doivent trembler avant de s'en servir. Car supposant même que ces répartitions fussent faites dans la plus exacte proportion, dès qu'elles produisent constamment tant de misères, n'est-on pas obligé de les changer? Il faut parcourir les villages, l'on doit être sur les lieux, si l'on veut s'assurer de l'effet de l'impôt: c'est là, où vous apprendrez l'effroi, qu'inspire ce nom terrible, c'est là où vous serez témoin des ravages, qu'il fait: vous y verrez ce qu'un juste tribut, ce qu'une contribution nécessaire, peut avoir de plus onéreux pour les uns que pour les autres; c'est là où vous conviendrez malgré les besoins de l'Etat qui l'exigent, malgré l'exactitude qu'on croit employer dans sa répartition, que l'impôt est un malheur & le plus grand des malheurs, que puissent éprouver les laboureurs. Entrons dans des détails.

V. L'on compare le paiement de la taille avec un autre paiement de la même somme: premiere injustice, ou si l'on veut premiere erreur: il y a entre l'un & l'autre une disproportion immense: la nature de l'impôt est sacrée; le terme du paiement, la matiere qu'on doit donner, la quantité à laquelle on est taxé, sont des loix immuables. Un particulier, qui doit dix écus à son voisin, peut s'arranger avec lui; tantôt il obtient terme, & le prolonge encore, tantôt il paie en partie ce qu'il n'est pas en état de faire en entier; il donne des denrées, des immeubles, des effets de toute espece, il fait des travaux pour son créancier, qui sont autant de paiemens; il offre des cautions, il emploie des amis, il fait des viremens de partie, il propose mille arrangemens, il obtient des rabais; enfin après tant & tant de biais différens, après tous les délais, il peut employer un moyen, très inique à la verité & que la plus grande misère ne saurait justifier, il peut, dis-je, pour éviter sa ruine, plaider sa dette: voilà que par tant & tant de ressources, il vient à bout de gagner bien du tems, il prévient sa perte totale & négociant à loisir, il parvient enfin à s'acquiter. C'est ainsi que tous les paiemens entre les particuliers permettent des aisances & des acommodemens, mais l'impôt que l'on doit à l'Etat est sans replique: il n'y a ni délais, ni milieu, ni graces, ni arrangemens, ni diminutions à proposer. Le terme, la quantité & la qualité de la matiere ne peuvent être en aucune façon, modifiés; il ne s'agit plus de donner votre bled, votre bétail, il faut de l'argent.

Seconde erreur. L'on regarde l'impôt comme une portion du revenu, pour lequel on le compte toujours. Il est impossible à tous les champs de la nation de produire la plus petite partie de la taxe; toutes les terres ensemble, quelque bien cultivées qu'elles soient, ne produiront jamais un sou: il faut vendre le produit des moissons, pour avoir de l'argent & c'est cet argent, qui est la seule matiere de l'impôt. C'est ici où la disproportion des paiemens se fait sentir avec rigueur & c'est toujours le plus pauvre, qui en est le plus accablé; c'est ici où le calcul le plus exact est en défaut: le laboureur obligé de payer sa taille avant la fin du mois, est forcé de tout vendre, ou tout engager pour avoir de l'argent au terme fixé. Qu'il soit éloigné des villes & des marchés, que le bled soit cher ou non, qu'il en ait recueilli beaucoup, ou qu'il n'en ait pas au delà de ses besoins, que l'abondance des environs, ou la disette d'argent ne lui permettent pas de pouvoir en vendre une seule mesure, il faut qu'il trouve cet argent pour la fin du mois. Les personnes aisées, qui ont une somme suffisante pour payer leurs impôts, réservent leurs denrées pour les vendre dans le tems le plus favorable.

Ainsi douze ſacs de bled que le malheureux laboureur eſt forcé de vendre dans le mauvais moment, ne lui rapportent que la valeur de dix; donc douze, qui dans le calcul, égalent douze, ici ne valent que dix. Tout le monde ſait la différence du prix des marchés, deux mois plutôt ou plus tard. Cette différence eſt encore plus affligeante pour les malheureux, lorsque l'on ſe repréſente, que c'eſt préciſément toute leur eſpérance, toutes leurs reſſources annuelles, dont ils ſont ainſi contraints de ſe défaire avec perte, que chaque année cela recommence & que c'eſt toujours ſur eux que retombe le pire de toutes les circonſtances fâcheuſes. Ici 12 = 10.

Troisieme erreur. Le terme du paiement des dettes particulieres étant expiré, n'augmente point la dette; ce ſont tout au plus des interêts qui commencent à courir, c'eſt-à-dire trois ou quatre pour cent, qui ne parviendraient à doubler la ſomme principale, que dans vingt-cinq années, mais hélas! lorsque le tems de payer les impôts eſt échu, il n'eſt plus beſoin d'un quart de ſiecle pour les doubler: les fraix de contrainte ſe multiplient avec une rapidité effroyable, & bientôt il n'y a plus aucune proportion entre ces fraix & la ſomme qu'on doit. Fraix cruels! d'autant plus terribles & plus injuſtes, qu'ils tombent toujours ſur les plus pauvres;

ſur ceux que l'on devrait par préférence ſoulager, ſur ceux préciſément qui ne peuvent pas payer.

CEPENDANT les rigueurs de l'exaction ſont en pure perte: elles apauvriſſent le particulier qui les paie, ſans enrichir l'Etat qui ne les reçoit pas. Ces fraix ſont tout autant de nouveaux impôts, tout auſſi ſacrés que la taille elle-même & ces impôts ne ſont que pour les malheureux. Cette addition accidentelle, que paie le plus grand nombre des laboureurs, n'eſt jamais miſe en ligne de compte dans le cadaſtre; cependant ce malheureux, qui n'eſt impoſé qu'à douze, qu'il ne peut jamais payer dans le tems, donne presque toujours quinze, vingt & plus encore pour les fraix. Dans ce cas douze égalent quinze. 12 = 15.

QUATRIEME erreur: le produit des terres eſt toujours cenſé le même; cependant quelle quantité d'événemens ne concourent pas chaque année à le rendre très incertain? l'on pourrait même dire qu'il n'eſt phyſiquement pas poſſible, qu'il ſoit une année égal à l'autre; c'eſt cependant ſur une auſſi grande variabilité qu'on fixe, qu'on détermine invariablement l'impôt. Les ravages de toute eſpece, les gelées, les pluies, la ſécherеſſe, les diverſes maladies des bleds, & mille autres accidens diminuent aiſément la récolte d'un tiers. Je ne veux point parler ici des grêles, des dévaſtations, des incendies, des guerres, des epidémies du betail & autres malheurs pareils, qui ſans doute, doivent être une cauſe de diminution; mais à n'enviſager que les événemens ordinaires & très communs, l'on pourra ſouvent dire que d'une année à l'autre, douze égalent neuf dans les productions, tandisque douze égalera toujours douze dans le calcul de l'impôt. Ici 12 = 9.

CINQUIEME erreur: en ſuppoſant la récolte toujours auſſi abondante, & la même quantité de denrées toutes les années, deux choſes concourront toujours à en varier la valeur: le change de l'argent & l'abondance des grains. Ceux qui connaiſſent le commerce, ſavent que l'argent hauſſe & baiſſe, ſuivant ſa rareté ou le beſoin des places de commerce; ainſi il arrive dans certains tems que douze égalent treize; le commerçant qui reçoit douze vous donne quittance pour treize, parce que dans ce moment treize eſt véritablement la valeur de l'argent que vous lui avez remis, mais l'impôt en recevant douze ne compte que douze. Ainſi le laboureur taxé à douze, paie réellement treize, donc 12 = 13. Le prix des denrées varie bien davantage encore; le bled que vous avez vendu douze l'année derniere ne vaut que dix cette année dans les mêmes circonſtances de vente; ici pour le laboureur douze égalent dix dans ſa récolte, tandis qu'il doit payer comme l'année derniere, c'est-à-dire douze. Ici encore 12=10.

Sixieme erreur : lorsqu'on prend le vingtieme ou le cinquieme du revenu de l'un, ainsi que le cinquieme du revenu de l'autre, l'opération paraît très juste. Cependant lorsque un riche, qui a cinq écus par jour, n'en doit qu'un pour l'impôt & que le laboureur, qui a cinq sous par jour n'en paie qu'un pour l'impôt, il y a une disproportion cruelle entre eux : le riche vit très bien avec quatre écus par jour ; mais ce pauvre laboureur ne peut vivre avec les quatre sous qu'on lui laisse. L'opération numérique, qui égale un cinquieme à un autre cinquieme est juste dans le calcul, mais son aplication differe de plus de la moitié. Lorsqu'il s'agit de la subsistance, de la vie des hommes, l'on doit tout prendre en considération ; par exemple, pour rendre ceci dans le sens qu'on doit le prendre : je suppose qu'il faille quatre sous & demi par jour à un homme pour sa nourriture, il faudra évaluer l'impôt du cinquieme proposé sur ce que le riche & le pauvre laboureur ont au delà de quatre sous & demi par jour : l'on voit qu'il ne reste à ce paysan que demi sou au delà de sa nourriture, tandis que le riche a quatre écus & quinze sous & demi ; ainsi il faudra prendre le cinquieme de quatre écus & quinze sous & demi sur le riche, &

le cinquieme de demi fou fur le pauvre. L'on voit que la disproportion eft ici d'une fi grande étendue qu'on ne peut presque pas l'exprimer par chiffres.

SEPTIEME erreur : l'impôt eft irrémiffible, perpétuel & inaliénable : l'on peut fe libérer de toutes fes dettes, l'on peut s'affranchir de toute autre charge & obligation, l'on peut céder une partie de fes terres, pour décharger l'autre de toute efpece de fervitude ; mais l'impôt eft inébranlable : il renaît, il revient chaque année avec le même appareil, la même dureté, les mêmes menaces. Lespérance, qui eft la confolation de tous les autres maux, l'espérance de le voir jamais finir vous eft interdite. Comment peut-on comparer dix écus de cette efpece, avec dix écus dus à un particulier? reprenons: la vérité du calcul eft donc très injufte, lorsqu'on en fait l'application à l'impôt. Il eft faux que la valeur de l'impôt foit égale pour celui, qui le paie, comme pour celui, qui le reçoit; il eft faux que la même fomme foit égale toutes les années; il eft faux que la même fomme payée par un riche, foit égale lorsqu'elle eft payée par un pauvre ; il eft faux que la même fomme due à un particulier, foit égale à celle qui eft due à l'Etat ; il eft faux qu'un laboureur, qui paie le cinquieme de fon revenu, foit taxé également qu'un riche qui paie le cinquieme du fien ; il eft faux que l'impôt d'une année, foit égal à l'impôt d'une même somme une autre année ; il est faux, il est impossible qu'une récolte puisse être égale une année à l'autre ; il est faux qu'une récolte égale en quantité à celle d'une autre année, lui soit égale en valeur ; enfin par toutes ces variations & cent autres que le séjour des champs ne tarderait pas à vous présenter chaque jour, vous concevrez l'injustice de déterminer, de fixer invariablement un impôt, sur tant de principes incertains & changeans ; vous concevrez la nécessité de remédier à des maux continuels & qui recommencent chaque année ; vous concevrez enfin la cruauté de faire constamment le malheur du plus grand nombre de la nation, de prolonger la misere de tous les laboureurs, sans jamais songer à en chercher la cause, ni à l'adoucir.

Voilà comment la justesse & l'exactitude de l'arithmétique deviennent une erreur & une injustice. Ce qu'il y a de très évident, est que l'expérience constante & générale du triste état des agriculteurs, leur affreuse indigence, démontrent les conséquences & sont les suites de cette erreur & de cette injustice. Ce qu'il y a de plus facheux & de plus cruel est que le malheur qui résulte de ces erreurs & de ces injustices retombe sur les plus pauvres, qu'il y retombe en progression croissante, qu'il y retombe toutes les années, qu'il y retombe ſans qu'ils aient aucunes reſſources pour s'en délivrer. Lorsque un négociant perd dans quelques marchandiſes, le commerce lui en préſente mille autres qui peuvent le dédommager; un ouvrier, un marchand qui ne vend pas aujourdhui, vendra demain; mais le laboureur n'a préciſément dans toute l'année, que le ſeul produit de ſon champ; c'eſt ſa récolte qui doit payer tous les impôts; mais obſervez que cette récolte doit auſſi le nourrir, & dès que cette moiſſon a diſparu, il ne lui reſte plus rien. S'il a l'eſpérance d'une moiſſon prochaine, qu'il achete chaque jour par ſes travaux & ſes dépenſes, il a en même tems l'aſſurance des mêmes charges, qui viendront lui en enlever la meilleure partie. Voyez par combien de motifs, l'on doit reſpecter cette récolte & voyez par combien de moyens on l'en dépouille: ames ſenſibles, calculez.

VI. Le nouveau ſyſtême de l'impôt unique, ne ſe contente pas de laiſſer ſubſiſter toutes les injuſtices accidentelles, qui aſſiegent les agriculteurs, il prétend encore ne mettre aucun impôt que ſur eux. Je crois, que nous n'avons plus beſoin de répéter, combien eſt frivole cette diſtinction qu'on veut faire, en diſant que l'impôt eſt ſur la terre & non pas ſur les cultivateurs: allez demander à la terre de l'argent; allez la punir de ce qu'elle n'en a point produit, & de ce qu'elle n'en produira jamais; faites lui payer les frais........

VOYONS combien ce ſyſtême eſt injuſte: le produit des terres eſt celui, qui coute le plus de peines à obtenir & qui rapporte le moins, tandis que les commerçans s'enrichiſſent dans leur cabinet, que les propriétaires des rentes, des maiſons, des commandites, des ...... que les penſionnés, que tous ceux,qui ſont au ſervice de l'Egliſe ou de l'Etat jouiſſent paiſiblement de revenus conſidérables & d'apointemens aſſurés, l'on veut taxer excluſivement un laborieux cultivateur, qui ſe fatigue le plus & s'enrichit le moins. Il mériterait, bien mieux que tous les autres, d'être exempt d'impôts par les mêmes motifs, qui ſont allégués dans l'ouvrage de M. Mercier. Ne voulez vous donc pas ſentir la cruauté qu'il y aurait, à charger d'impôts ceux-la préciſément, pour qui l'on devrait les ſupprimer?

VII. LA protection accordée au commerce pour la ſureté du pavillon, des mers, des ports, des chemins, des maiſons, des...... la tranquillité conſervée dans l'intérieur & dont jouiſſent les nobles, les bourgeois, les artiſans, les fainéans, en un mot tous les citoyens, la garde des frontieres, les troupes, qui défendent le pays, la marine, qui le protege la marechauſſée, qui éloigne les brigands, la juſtice qui eſt adminiſtrée de diſtance en diſtance, l'éducation qu'on donne à la jeuneſſe, la police qu'on entretient dans les villes, la table & les dépenſes du Souverain, celles des miniſtres de toute eſpèce, celles qu'on doit à l'éclat & à la dignité de la Couronne, pour les bâtimens royaux ou publics, fortereſſes, vaiſſeaux, arſenaux & tout l'attirail militaire, enfin tous les fraix ordinaires pour tous les beſoins de l'Etat doivent donc être pris ſur le laboureur, tandisque c'eſt lui préciſément, qui profite le moins de toutes ces choſes-là, tandisqu'il en ignore même une très grande partie. Cela eſt-il juſte?

MAIS d'ou vient la puiſſance tutelaire ne ſerait-elle pas payée, par tous ceux qu'elle protege? D'où vient que, parmi tous les membres, qui forment la ſociété, l'on ne choiſirait que la portion la plus pauvre & la plus malheureuſe, pour la charger du fardeau de l'impôt? D'où vient les richeſſes, le luxe & les frivolités ne devraient-ils rien payer, tandis que l'on prendrait l'impôt ſur les premiers beſoins?

JE trouve cet impôt unique ſi révoltant, ſon application eſt ſi cruelle & ſi injuſte, ſon augmentation ſi difficile, lorsque des preſſantes néceſſités l'exigeraient, il paraît ſi peu raiſonnable que tous les ordres de l'Etat jouiſſent de ſa protection & ne lui paient aucun tribut, il me ſemble ſi contraire à l'ordre que tant de riches ſoient exempts de charges, tandis que les pauvres en ſeront écraſés, que je crois devoir conclure que l'impôt unique eſt un impôt inique.

VIII. MAIS il ne ſuffit pas de contredire, de critiquer des projets, propoſés pour le bien de l'humanité, l'on doit y concourir auſſi & propoſer, chacun de ſon côté, ce qu'on croit de plus avantageux pour la ſociété : c'eſt ce que je veux faire ici : je ſais bien que la faible voix d'un ſeul, qui veut s'oppoſer à une habitude reçue, n'eſt qu'un roſeau, qui voudrait arrêter un torrent fougueux. Mais dès que ce torrent continue ſes ravages, dès que ſes flots, s'élançant avec fureur dans les campagnes, emportent toutes les années des lambeaux de chaque village & entraînent ce qu'il y a de plus précieux dans les granges & les chaumieres, il me ſemble qu'il doit s'élever de toutes parts d'autres roſeaux, dont le nombre peut à la fin former une digue ſuffiſante. Toutes les ames ſenſibles doivent être touchées de la miſere des laboureurs, l'impôt, qui les accable, eſt ce torrent impétueux, dont l'exaction eſt plus terrible encore : l'épouvante le précede & la déſolation le ſuit; il ne laiſſe ſur ſon paſſage qu'un vuide immenſe : une année de ſueurs & de travaux peut à peine ſuffire à combler les fosses profondes, qu'il a formées, & tous ses ravages recommencent chaque année. La société peut-elle avoir des besoins plus pressans à soulager, des maux plus cruels à guérir? Les préjugés de l'usage, & l'intérêt de quelques particuliers sont les seuls obstacles à vaincre : le bien-être de nos semblables & le nôtre même dépendent du courage, avec lequel on travaillera à changer le cours de ce torrent. Il ne s'agit que de lui creuser un lit nouveau, & dès lors il deviendra un ruisseau bienfaisant, qui arrosant les compagnes, qu'il dévastait autrefois, répandra la vie & la fertilité de toutes parts.

C'EST en se dépouillant de l'honteux esclavage des préjugés que M. Mercier s'est occupé du bien être de la société, & c'est toujours à cette noble hardiesse que nous devons les plus heureuses découvertes & les meilleurs projets : ce qu'il propose ne me parait pas faisable, je n'en estime pas moins le motif, c'est le même qui m'anime, c'est l'envie d'être utile aux hommes, qui dicte cet ouvrage.

IX. LE plus grand malheur des peuples n'a qu'une seule & unique source, la voici : l'on confond les revenus du Souverain, avec ceux de l'Etat ; les besoins de l'un, avec les subsides de l'autre. Aussi longtems qu'on nommera trésor royal, le trésor de l'Etat, aussi longtems qu'il n'y aura pas des barrieres impénétrables entre ces deux fonds, la nation sera tous les jours exposée à la nécessité des expédiens.

VOYEZ d'un côté la prospérité des Républiques, où cette distinction est exactement observée, l'abondance qui regne parmi les citoyens & la modicité des impôts qu'ils paient, voyez de l'autre les pays où l'ame généreuse du Souverain, qui voudrait toujours récompenser le mérite, dispense des graces, des faveurs, des pensions aux dépends du revenu public. S'il est bienfaisant, s'il aime les plaisirs, s'il est magnifique, l'argent destiné aux plus urgents besoins de l'Etat prend un cours différent: le Népotisme, les ministres, les maitresses, les favoris sont autant de gouffres, où se vont engloutir les impôts.

DANS les pays despotiques, la distinction des revenus est inutile, le despote est maître de tout; dans les Monarchies, les Rois distinguent eux-mêmes & assignent à chaque impôt la destination de son produit: les bons Souverains justifient toujours aux yeux de leurs sujets, l'emploi d'un argent, qui est le fruit de tant de peines & de travaux. Dans les Etats mixtes, où l'Etat a le droit de faire rendre compte, tout est dans l'ordre.

Heureux les peuples où les passions d'un seul ne peuvent pas faire le malheur de tous!

X. JE suis bien éloigné de vouloir borner les revenus du Prince : au contraire je crois qu'il est de la gloire d'une nation, de mettre son Souverain en état de soutenir avec dignité le poids de la Couronne. La grandeur, l'éclat, le faste & le luxe même, si vous voulez font honneur aux maîtres, ainsi qu'aux sujets & c'est en même tems une branche de circulation utile. Le peuple doit donc être libéral pour son prince, & être attentif à pourvoir aux nouveaux besoins, qui peuvent lui survenir. Cette maxime pleine de noblesse est exécutée avec exactitude par les Anglois. Elle fait autant l'éloge de ceux, qui donnent, que la gloire de celui qui reçoit. C'est dans des cas pareils, qu'un Souverain jouit de l'entiere liberté de faire du bien: maître de donner tout ce qu'il a, il ne craint aucun remord; son cœur ne lui reprochera jamais d'avoir employé pour ses plaisirs le sang des pauvres: ceux qu'il comblera de bienfaits, en jouiront sans appréhender les cris des malheureux, qui ailleurs doivent contribuer de leur nécessaire, pour la fortune d'un petit nombre. L'Etat saura l'emploi de ses revenus, on ne mettra que les impôts de toute nécessité, tout sera

pro-

proportionné, non pas aux desirs d'un seul, mais aux besoins de tous. C'est ainsi que l'ordre essentiel des sociétés politiques doit commencer.

XI. Je viens de dire un des plus grands malheurs des Etats, je vais dire une des causes de leur splendeur : bien éloigné en ceci du systême de la nouvelle science, je crois que rien n'est plus avantageux à une nation, que le commerce extérieur ; il doit même être exclusif pour certains tems, pour certains lieux & pour certains corps. Ces fameuses compagnies de commerce ne s'acquierent aucune richesse, aucun crédit, que ce ne soit une richesse & un crédit pour la nation : ce sont des fortes colonnes, qui assurent, embellissent & soutiennent tout l'édifice : leur marine, leurs troupes, leurs places & leurs possessions sont tout autant de dégrés de puissance, dont l'Etat jouit, sans qu'il lui en coute rien ; au contraire elles paient des fortes contributions, tandis que leurs troupes & leur marine sont une école & une pépiniere pour les troupes & la marine de l'Etat. Ces compagnies enrichissent plusieurs particuliers, qui en corps, ou séparément, offrent tout autant de ressources en cas de besoin. Le commerce prend dans leurs mains une vigueur, que les négocians les plus riches ne pourroient seuls lui donner. Cette aggrégation de forces donne à ces compagnies une conſiſtence, qui influe ſur toutes les opérations générales de commerce & même de finances. Je crois qu'il eſt à propos que les actions y ſoient très diviſées, afin que la modicité du prix mette plus de monde à portée de profiter de l'intérêt qui en réſulte.

XII. Comme ces compagnies ſont très avantageuſes, l'on devrait s'occuper à en augmenter le nombre: cela cependant ne doit aller que jusqu'à un certain point. Il a été un tems où la mode des compagnies parvint en France, à un tel excès, qu'à Paris on les comptait par mille, auſſi ne manquerent-elles pas de ſe ſuffoquer les unes & les autres; il y a un juſte milieu en tout, l'on eſt toujours puni, lorsque l'on s'en écarte.

XIII. Outre ces compagnies, il y a dans certains Etats, des banques: elles ſont rentieres ou foncieres; mais je n'ai en vue ici que les banques rentieres. Elles forment un dépôt, qui facilite presque autant les opérations de finance, que celles de commerce: tous les particuliers, qui ne peuvent pas, ou qui ne ſavent pas faire valoir leurs fonds, trouvent par là le moyen de le placer & d'en retirer un intérêt aſſuré: c'eſt alors que rien ne languit, tout eſt en circulation, perſonne n'accumule un argent, dont il perdrait le produit en l'enfermant, les mêmes eſpeces reparaiſſent tour à tour

& se reproduisent, pour ainsi dire, plusieurs fois: la nation fait autant d'affaires, que si elle avait cinq ou six fois autant d'argent.

XIV. Reprenons ceci, parce que je le regarde comme un des principaux moyens, pour former une immense puissance: premiérement la distinction des revenus pour le Souverain d'avec ceux pour les besoins de l'Etat. Une loi irrévocable qui fixerait cette distinction & qui défendrait de détourner la plus petite somme de l'objet de sa destination, sous quelque prétexte qu'on pût alléguer, formerait l'ordre essentiel des sociétés politiques relativement à l'usage de l'impôt. Secondement ces compagnies & banques, qui tiennent la balance du commerce & entretiennent la supériorité sur toutes les autres nations, qui n'en ont pas. Les Anglais ont mis en délibération s'ils dissoudraient la compagnie des Indes: je suis bien assuré que cette question n'a pu être proposée que par quelques jaloux ou envieux, mais qu'aucun bon patriote n'aura voulu l'écouter: c'est précisément, comme si un homme plein de santé & de vigueur, consultait sur l'amputation d'un de ses membres, & que sous le prétexte de vouloir donner plus d'activité à quelques doigts du pied il voulait se faire couper la main. Les ennemis de l'Angleterre devraient faire des vœux, pour que cette proposition passât à la pluralité des voix:

les révolutions, qu'occasionnerait bientôt la chute de ce vaste édifice, ne tarderaient pas à se faire ressentir dans le commerce, dans les finances, dans la circulation, dans les impôts & surtout dans le crédit de la nation. Je regarde donc ces établissemens comme une des principales bâses sur lesquelles je fonde la plus grande puissance, je veux dire comme un des moyens les plus surs pour la former & pour la soutenir.

XV. Enfin après avoir posé les différens préliminaires qu'on vient de voir, après les divers principes que j'ai établis & ceux que j'ai mis en opposition aux prétendus axiomes de la science nouvelle, je vais tirer des conséquences simples, claires & naturelles. Je vais proposer la suppression des impôts. Si je ne parviens pas à les faire abolir, je me repais de la douce satisfaction d'avoir suggéré des moyens pour les changer, les adoucir & en diminuer les rigueurs. Oui, je conserverai toujours la flatteuse espérance que je concourrai peut-être au soulagement de quelques malheureux. (*) Je ne suis pas législateur & je dirai avec un

(*) Je sens bien que tant de longueurs, que ces répétitions & ces verbiages seront impatientans pour les uns, mais ils sont nécessaires pour les autres, & ces autres sont le plus grand nombre.

auteur moderne, que c'eſt préciſément parce que je ne le ſuis pas, que je propoſe mes idées, ſi je l'étais, je ne m'occuperais pas à les écrire, je les exécuterais.

La ſociété eſt obligée de pourvoir à l'entretien de ſon chef & à tous les beſoins de l'Etat: comme ces dépenſes renaiſſent toutes les années, l'on a conclu qu'il fallait des fonds qui puſſent ſe renouveller toutes les années; rien n'a paru plus promt, plus commode & plus naturel que les impôts ſur les terres, puis ſur la conſomnation & enfin ſur la perſonne, ou les dépenſes de chaque particulier, ce qui fait le malheur de tous. Ne pourrait-on pas faire le bien de l'Etat ſans diminuer les revenus de chacun de ſes membres?

I. Les ſociétés de commerce; ces grands corps privilégiés ſous le nom de *Compagnie des Indes* & autres, ſe ſoutiennent, paient des troupes, des gages & des appointemens immenſes, bâtiſſent des forts, conſtruiſent des vaiſſeaux, entretiennent une marine, font des conquêtes, ſans que les membres de ces ſociétés ſoient ſujets à aucune taxe, à aucun impôt pour ſubvenir à tant de beſoins. Ces compagnies qui font toutes les dépenſes d'un Etat, paient encore chaque année, un gros revenu à la nation, qui leur accorde le privilege d'exiſter; ne pourrait-on pas employer des moyens à peu-près ſemblables, pour former à l'Etat des revenus, qui ne feraient pris ſur aucun particuliers? ces diverſes compagnies ſont réellement des puiſſances reſpectables, qui ne diffèrent des Etats indépendans, que par leur inhérence à la nation, chez laquelle elles ſont établies & à laquelle elles reſtent conſtamment ſoumiſes; il y a quantité de Souverains, qui n'ont pas le quart, ni des troupes, ni des vaiſſeaux, ni des forts, ni des poſſeſſions, qui n'ont pas, en un mot, le quart de la puiſſance de la Compagnie des Indes d'Angleterre & qui ne laiſſent pas d'être comptés entre les autres Souverains. Ces Etats ainſi que tous les autres princes obligent chaque année leurs ſujets à leur donner une portion de leur revenu, tandisque au contraire ces compagnies paient toutes les années à leurs membres, un dividende, qui forme un véritable revenu pour eux.

Mais dira-t-on l'Etat ne peut pas être commerçant: & pourquoi non? Subſtituez aux directeurs des compagnies le nom de miniſtres, que tout le bénéfice du commerce, au lieu d'être diviſé entre les Actionnaires, ſoit porté au tréſor de la nation, cette ſomme formera un produit annuel qui remplacera un très grand impôt.

L'on pourrait objecter que la nation devrait faire tous les fonds de ce commerce, & qu'elle ne retirerait ainſi que l'intérêt de ſon argent & encore courrait-elle tous les riſques & toutes les incertitudes du commerce. D'accord; pourvu que le tréſor de l'Etat ſe rempliſſe, les finances ſeront en bon ordre; que ce ſoit l'intérêt d'un argent placé, que ce ſoit bénéfice de commerce, qu'importe? s'eſt-on imaginé qu'il fallait néceſſairement que ce fuſſent des impôts, qui formaſſent le revenu public? au contraire dès que la nation pourrait retirer par quelques moyens étrangers, des fonds ſuffiſans, pour pourvoir à tous ſes beſoins, ce ſerait la plus grande injuſtice & la plus inutile de mettre des impôts. Au reſte ſi le commerce eſt ſujet à des riſques, ils ſont alternatifs, & de même que l'on peut gagner moins cette année que la précédente, l'on peut auſſi gagner plus. L'avantage de quelques bonnes années mis en réſerve, prévient & ſupplée aux déſavantages futurs. Ainſi en ſuppoſant que la Compagnie des Indes appartienne à un Etat en toute propriété, & que cet Etat n'ait pas de dépenſes à faire, au delà du produit annuel de cette compagnie; cette nation n'aurait plus d'impôt.

TOUS les pays ne peuvent pas s'adonner au commerce, ni le pouſſer auſſi loin les uns que les autres: la ſituation, les mœurs des habitans, l'apreté du climat, l'ignorance des arts, la difficulté des fabriques, les variations des productions, la disette de l'argent & mille autres obstacles empêchent d'un côté, & de l'autre l'on ne peut s'etendre en grand sans possessions étrangeres, sans marine.... Il faut donc chercher d'autres moyens pour suppléer aux dépenses que le commerce ne pourra remplir. Je dis suppléer: car il faut observer que le plus grand nombre des Souverains font déja quelque commerce, mais il est intérieur & dans un sens tout opposé à celui que je propose; puisqu'ils le convertissent en impôts, qui se trouvent par là augmentés, tandisque je cherchais précisément à les diminuer.

En tâchant d'augmenter le produit d'un commerce extérieur en faveur des revenus de l'Etat, il faut examiner celui, qui est déja mis en réserve par divers princes: avant la découverte de l'Amérique & de toutes ses productions, avant celle de la boussole surtout, le commerce le plus étendu était très bonné en comparaison de celui d'aujourd'hui; cependant les bénéfices, qu'on y faisait, tenterent plusieurs Souverains, qui se firent marchands; ils s'accorderent à eux-mêmes le previlege exclusif de la marchandise, qu'ils voulaient vendre; ils firent pour eux, ce qu'on a fait depuis pour ces Compagnies, dont je viens de parler; mais ne connaissant pas alors les richesses d'un commerce étranger, qui n'existait point encore, ils ne trouverent pas de meilleur objêt que certains articles de consommation, auxquels ils donnerent la valeur, qu'ils jugerent à propos & dont tout le bénéfice devait se prendre sur leurs propres sujets. Il est vraissemblable que si les compagnies avaient été connues, ils auraient préférablement adopté ce que je propose, à ces détails bornés qu'ils se sont retenus; mais l'empire de l'habitude fait que ces mêmes Souverains conservent toujours pour eux le privilege du débit de quelques petits articles, tandis qu'ils accordent à d'autres le privilege pour des grandes choses. Il y a encore cette différence, affligeante pour l'humanité, c'est que les Souverains en choisissant pour eux le débit de ces marchandises, ont ajouté à leur droit exclusif, une contrainte cruelle qui force les sujets à les acheter & une barbarie horrible, qui punit des plus affreux supplices ceux qui dans leurs Etats, osent débiter la même marchandise. Des moyens si durs & un produit si modique passeront à la postérité pour une anecdote aprocryphe, lorsque la philosophie, l'humanité & un intérêt plus solide, auront dissipé ces restes de barbarie.

Il y a des pays, où le tabac est marchandise royale: à la bonne heure; l'usage en étant libre, perſonne ne peut ſe plaindre de la cherté d'une choſe, dont il peut ſe paſſer. La poudre à canon & le ſalpêtre ſont auſſi dans certains endroits du commerce du Souverain: à la bonne heure; l'influence de ces matieres ſur les opérations de la guerre, eſt une raiſon très légitime pour n'en pas laiſſer le cours libre. Mais le ſel eſt marchandiſe du Souverain en quelque pays; pour cet article, qui par nos uſages & l'habitude, eſt devenu de premiere néceſſité, l'on ne peut rien imaginer de plus dur & de plus cruel, ſurtout lorsque on y ajoute la contrainte. Je ne connais rien en Europe, qui approche autant des loix d'Aſie que l'obligation forcée, où ſont certains peuples de prendre un telle quantité de ſel toutes les années. Ils allégueront inutilement leur miſere, euſſent-ils une répugnance invincible pour l'uſage du ſel, leur fut-il même défendu par les médecins, en euſſent-ils encore proviſion de l'année précédente, il faut qu'ils prennent & qu'ils paient leur taxe de ſel. Obſervez encore ici toute l'injuſtice de l'exactitude du calcul: un grand ſeigneur ne s'apperçoit pas de cette taxe: je veux dire que tout ce que paie un riche par année pour le ſel, ne ferait dans ſa maiſon qu'à-peu-près la dépenſe de deux ou trois jours, tandis que le laboureur paie pour ſon ſel la dépenſe de deux ou trois mois de ſon ménage;

voyez où conduît la vérité de l'arithmétique? Joignez à cela que c'eſt le payſan, qui a le bétail & que ce bétail eſt auſſi taxé & vous retrouverez toujours que tout ce que les impôts ont de plus cruel retombe ſur le peuple & particuliérement ſur celui de la campagne; & perſonne ne ſonge à ſoulager ces malheureux!

II. Ces impôts ſont un ſupplice pour les pauvres, c'eſt-à-dire pour la plus grande portion de la nation, ils ne ſont ni glorieux à la dignité des Souverains, ni ſuffiſans pour les beſoins de l'Etat. Si l'équité, l'humanité, l'intérêt des peuples & l'avantage des finances s'élevent contre les gabelles du ſel, ſubſtituons à cette taxe, un autre objet de conſommation, par lequel on ſauve tous les déſagrémens du ſel forcé. Prenons par exemple le ſucre: d'abord l'on voit que les riches en payeraient la plus grande partie, ce qui eſt dans l'ordre, & les gabelles du ſucre ſeraient d'autant moins onéreuſes, que cet impôt ſerait libre: je dis donc qu'une ſociété, qui affermerait les gabelles du ſucre, pourrait payer à l'Etat une ſomme plus conſidérable que celle que rapporte le ſel. Comme ce n'eſt qu'une conſommation de gout ou de luxe, on laiſſe les objets de néceſſité, libres & au plus bas prix poſſible.

Ne craignez pas qu'une augmentation de prix,

diminue la consommation du sucre ; l'on s'y est tellement accoutumé, que plusieurs personnes préféreraient la privation du sel. A voir la grande quantité de magasins ou provisions de sucre, qui sont chez tant de marchands des villes, où il n'y a qu'un entrepôt de sel, il parait qu'il se débite bien plus de celui-là que de celui-ci. D'ailleurs dès qu'une compagnie aurait exclusivement le droit de débiter le sucre, profitant seule de tous les bénéfices, qui sont aujourdhui divisés entre tous les marchands du royaume, en ne le vendant qu'au dessous du prix ordinaire, elle ferait encore des profits immenses ; pour lors ajoutez à ce prix la même taxe qui est sur le sel, le sucre ne revient presque alors qu'à son prix commun. L'on voit donc que pour peu qu'on l'augmente, l'on peut former un produit bien plus considérable que celui du sel ; les riches s'appercevraient à peine de cet impôt & le reste de la nation point du tout. Ceux qui le détaillent aujourd'hui sont les seuls, qui n'y trouveraient pas leur avantage ; mais ils pourraient être actionnaires de la nouvelle compagnie, ou détailler pour son compte, & enfin s'ils ont payé le droit de vendre cette marchandise, il faudrait les en dédommager, sur le bénéfice des premieres années des fermes.

III. Les amendes sont une punition, dont le

produit doit entrer au trésor de l'Etat. Je ne les envisage point sur le pied où elles sont aujourdhui; elles ne sont infligées qu'à la fraude, ou au crime; mais autrefois elles l'étaient à la négligence : ceux qui ne cultivaient pas bien leurs champs, ou qui laissaient leurs terres en friche, étaient taxés par les Censeurs, chez les Romains.

Ils avaient plusieurs sortes d'amendes, dont l'effet serait aujourdhui fort nécessaire & le produit très considérable. Tous les devoirs de la société en seraient bien mieux observés, les ordres de la police mieux exécutés, tous les arts mieux exercés...... Il y a mille branches qui se trouveraient d'un coté améliorées ou perfectionnées, tandis que de l'autre le revenu de l'Etat augmenterait. Qu'une nation serait heureuse, où la peine & le fardeau de l'impôt ne serait appesanti que sur les coupables & les négligens! les amendes méritent donc d'autant plus de considération, qu'elles procurent un double bien.

IV. Mais la taxe la plus intéressante, dont les romains nous aient donné l'exemple, c'est la contribution des célibataires : contribution, dont aucun siecle n'a eu un aussi pressant besoin que le nôtre; la population languit de toute part & le nombre des célibataires devient si considérable, que leur taxe seule suffirait peut-être pour tous les beſoins de l'Etat. Il eſt d'autant plus naturel de les ſoumettre à une impoſition en faveur de la ſociété, qu'ils la privent des citoyens, qu'elle eſt en droit d'exiger d'eux. La nation périrait, ſi l'exemple de ces membres inutiles était ſuivi de tous.

CETTE impoſition devrait être forte; car d'un côté l'on ne doit pas craindre de ruiner la famille de ceux qui vivent dans le célibat, ils n'en ont point, & ils ont auſſi par là beaucoup moins de beſoins que les autres citoyens; & de l'autre comme ils ſont coupables, ils ne doivent point être ménagés; il faut même qu'ils ſe trouvent ſi gênés de cette taxe, qu'ils ſoient excités à s'y ſouſtraire: cette taxe enfin, quelque conſiderable qu'elle puiſſe être, ſera toujours très douce, en ce que, ceux qui en ſeront incommodés, pourront à chaque inſtant s'en délivrer.

V. DE toutes les eſpeces d'impôts, qu'on a inventés, ceux qui ſont ſur le luxe ſur les ſuperfluités, ſur les plaiſirs ſont les plus doux. Ils n'attaquent que les plus riches; ceux préciſement qui ſont le mieux en état de les payer, & qui, d'ailleurs, n'y ſont ſoumis que pour ce qu'ils veulent & pour autant de tems qu'ils le veulent. Puiſque la taxe du luxe eſt la moins onéreuſe, d'où vient n'eſt-elle pas la plus générale? Hélas! ceux qui préſident aux impoſitions, ſont ceux chez qui ſe trouvent le luxe, les ſuperfluités & les plaiſirs; tous leurs amis, tous ceux qui les environnent ſont dans le même cas, ils rejettent l'impôt au loin, ſur des gens inconnus, ſur le peuple de la ville & des champs, parce que ce peuple n'eſt jamais conſulté ſur les opérations, où il eſt le plus intéreſſé de tous, parce que enfin le peuple, comme abſent, a toujours tort.

L'on répete ſans ceſſe que perſonne n'eſt appellé du village, je ne dis pas pour préſider au conſeil, mais pour y donner ſon avis; parce que il ſemble que lorsqu'il s'agit de toute la ſubſiſtance de la plus grande partie de la nation, cette partie devrait être conſultée: point du tout. Ceux qui ne paient que la dixieme portion de leurs revenus décident, & ceux qui paient le leur tout entier, ou a-peu-près, n'ont rien à dire: c'eſt ainſi que les impôts ſont préciſément ſur les choſes qui en devraient être exemptes; c'eſt ainſi que dans un tems de calamités, les caroſſes des oiſifs continuent à rouler, tandisque le pain manque chez ceux, qui travaillent: & pourquoi? C'eſt que le pain a presque payé tous les impôts & que le caroſſe n'en paie qu'un, ou ſouvent point du tout; c'eſt que tous les objets de conſommation néceſſaire ſont taxés impitoyablement, & que les objets de luxe & de ſuperfluités, ou ne le ſont point du tout, ou ne le ſont gueres. L'on ne doit donc point être étonné, en quittant le faſte & la volupté de la capitale, de ne rencontrer dans la campagne, que la plus affreuſe miſere.

Je ne me laſſe point de répéter l'état malheureux des peuples: ils forment le plus grand nombre des habitans, & ce grand nombre eſt ſacrifié au petit: quand il n'y aurait point d'injuſtices dans la répartition que fait l'apparente vérité du calcul, au déſavantage du peuple & des payſans, l'humanité, la pitié, leur nombre, & ſurtout l'exemple conſtant de leur miſere devraient les favoriſer dans la diſtribution des taxes: je veux dire que quand le plan des impoſitions ſerait le plus juſte du monde, dès qu'il produit tant de maux, qu'il les répand dans tant d'endroits, qu'il les appéſantit ſi ſouvent ſur un auſſi grand nombre de particuliers, ce plan, dis-je, doit être changé. Le luxe préſente ici des reſſources infinies: combien de ſuperfluités à taxer! ſi les opérations humaines devaient néceſſairement être ſujettes à quelque injuſtice, il vaudrait mille fois mieux qu'elle retombât ſur les riches; car obſervez que les impôts, qui les géneront le plus, ne viendront jamais approcher leur nourriture & leurs premiers beſoins, tandis que la plus petite con-

contribution fait breche à la subsistance du laboureur. Ce rien, est effectivement un rien pour un grand seigneur & ce rien écrase une famille de malheureux.

VI. Il y a un moyen des former des revenus à l'Etat très à la mode dans ce siecle, & contre lequel plusieurs personnes se déchaînent par de vaines clameurs : ce sont les lotteries. Jamais on n'a rien imaginé de si doux pour subvenir aux besoins de la nation : ceux qui les désaprouvent, ont grand tort de s'en plaindre, puisqu'ils ont pleine & entiere liberté de n'y jamais placer un sou. Il est vrai que l'objection, qu'ils font contre l'abus & la ruine prétendue de ceux qui y jouent, mérite quelques réflexions : le Souverain étant le pere de ses sujets, il doit prévoir leurs désavantages & éviter en tuteur bienfaisant, tous les piéges qu'on pourrait tendre à la fortune de ses enfans. Dans ce sens, si les lotteries ruinent quelqu'un, il est de la bonté paternelle du prince, de supprimer la cause de ce malheur. Tel doit être le langage d'un philosophe, tels sont les sentimens & les souhaits de l'humanité; mais examinons ces prétendus malheurs, avant de priver l'Etat d'une ressource qu'il sera obligé de rejetter sur quelque autre objet.

Je conviendrai qu'il peut se trouver quelqu'un assez imprudent pour hazarder sa fortune entiere aux lotteries, & aſſez malheureux pour l'y perdre; mais de cette poſſibilité particuliere, il ſerait contre toute bonne politique de conclure que les lotteries ſont pernicieuſes & doivent être ſupprimées. Si le légiſlateur devait balancer un moment, lorſque l'intérêt de quelques individus eſt en oppoſition à l'intérêt général, il faudrait abolir toutes les loix pénales. Mais le bon ordre que ces loix entretiennent dans la ſociété pour l'avantage & la ſureté de tous, juſtifie pleinement tous les cas, où l'on prive de la liberté, ou de la vie, quelques citoyens; tout comme l'intérêt de l'Etat & le ſoulagement général qu'éprouvent les ſujets dans les lotteries, juſtifie pleinement tous les cas, où quelques étourdis pourraient en devenir volontairement la victime. Mais qui ſont ces inconſidérés? nous ne pouvons les chercher que dans la claſſe du bas peuple: quelques domeſtiques peuvent avoir l'imprudence de risquer leurs épargnes, les perdre, & ſe trouver réduits à rien. Qu'arrivera-t-il de ce malheur? un bien réel pour le ſoulagement de la nation, pour les Finances & pour l'Etat, & l'obligation pour ces domeſtiques ou pour ces ouvriers, de continuer un métier, auquel ils cherchaient à ſe ſouſtraire, en tentant fortune. Leur ſituation reſte à peu-près la même & la ſociété ne perd pas deux bras, qui voulaient lui refuſer leurs ſervices.

Calculons ce prétendu désaſtre : ſuppoſons dans un Etat ſeulement cent mille domeſtiques, ce compte eſt bien modique, quand on conſidere le luxe des grandes villes, dont quelques-unes en fourniraient plus de la moitié ; mais bornons nous à cent mille & ſupoſons encore que chacun d'eux ait épargné cinq louis ; il y en a ſans doute à Londres qui en ont vingt fois, cinquante fois davantage : voilà cependant, par la ſupputation la plus modique cinq cents mille louis qui ſont morts pour l'Etat, tant que ces domeſtiques les conſerveront, la circulation ſoufre donc auſſi réellement la perte de cinq cents mille louis, que s'ils n'exiſtaient plus. Si vous connaiſſez le prix de cette circulation, ſi vous voulez ajouter à ce calcul le double, le décuple & enfin toute l'étendue qu'il peut avoir & qu'il a en effet dans les grandes nations, vous ſentirez les bons effets que doit produire un moyen qui fait rentrer dans la Société pluſieurs millions.

Je ne mettrai point en oppoſition à la ruine poſſible de quelques ſujets, la fortune qu'y font quelques autres ; il ne s'agit pas ici des particuliers ; mais il eſt queſtion de pourvoir aux beſoins de l'Etat. Vous n'aimez pas les lotteries, vous voudrez ſans doute qu'on mette un nouvel impôt ſur les laboureurs. Que vous êtes injuſte & inconſéquent !

Ceux qui accuſent les lotteries de ruiner le petit peuple, ne réfléchiſſent donc pas que tous les jours, on fait des ſaiſies dans les campagnes chez des malheureux, qui ne ſont pas en état de payer leur taille, ce qui ne peut arriver dans les lotteries; parce que dans celles-ci l'on ne hazarde que ce qu'on a, & ce que l'on veut bien hazarder, & dans les autres impoſitions, l'on eſt taxé à donner ce qu'on n'a pas encore & ce qu'on ne voudrait jamais donner. Mais enfin il faut un impôt, la nation a des beſoins; indiquez un moyen plus doux que les lotteries, où perſonne n'eſt forcé d'apporter de l'argent. Choiſiſſez, nommez un impôt, ſi vous le pouvez.

Parmi le grand nombre de lotteries, qu'on invente tous les jours, il y en a de plus ou moins avantageuſes; mais je crois que la meilleure, qu'on puiſſe établir ſerait celle où perſonne ne perdrait, ou les plus malheureux retireraient l'intérêt de leur argent & où cependant l'on aurait l'eſpérance de faire fortune: ce plan, qui rendrait conſidérablement à l'Etat eſt ſi ſimple, il eſt ſi peu onéreux aux ſujets, à ceux même qui veulent y mettre, que je m'étonne que toutes les puiſſances ne l'introduiſent pas chez elles.

VII. Après les lotteries libres, viennent celles qui ſont forcées: elles méritent une certaine conſidération; elles ſont un impôt réel, dont l'exaction eſt adoucie, par l'eſpérance qu'elle laiſſe à tous de s'enrichir, en ſatisfaiſant aux beſoins de l'Etat. Cette eſpérance ne laiſſe pas d'être une conſolation pour pluſieurs; les hommes ſont particuliérement affectés par le nom: aujourd'hui on leur fait faire volontiers une choſe en la nommant d'une certaine façon, tandis qu'hier ils en avaient horreur ſous un autre nom. Tout le monde connait l'empire de l'opinion.

UNE lotterie forcée pourrait remplir tous les objets & ſuppléer à tous les impôts: chacun payerait cette taxe plus gaiement que toutes les autres, par l'eſpérance d'une heureuſe chance. Tel était le projet d'une taxe générale ſur les habitans de Hollande & de Weſtfrize, propoſé par M. Dubois en 1749.

CE plan aurait ſans doute de grands avantages ſur les impôts ordinaires: ſa perception en ſerait coulante & ſon entiere exécution très facile.

VIII. LA richeſſe de l'Etat, projet propoſé ſur des principes à peu près égaux, n'a pas eu un meilleur ſuccès: il paraît cependant bien naturel, dès qu'on eſt forcé de mettre des impôts, de tâcher à en diminuer le nombre; car en ſuppoſant un ſeul impôt, il n'y aura qu'une ſeule eſpece de gens, prépoſés pour ſa perception; voilà déja des fraix immenſes d'exaction ſupprimés, tout cela indépendamment de tant d'avantages, qui naîtraient de la bonté de ce plan, qui ferait le bonheur de la nation, qui l'adopterait.

IX. Nous avons vu que les tailles, toujours fixes & invariables, quoique ſur un produit incertain, étaient plus particuliérement onéreuſes, à ceux qu'on devrait ſoulager par préference : comme cet impôt par ſon étendue, par ſa conſiſtence & ſa ſolidité, doit être regardé comme la ſource principale des revenus de l'Etat, c'eſt lui que nous allons prendre en plus grande conſidération. Je dis donc qu'il ſerait très aiſé d'en rendre la répartition fort exacte & l'exaction très douce : il ne s'agirait que d'en changer la forme & le faire payer en nature : la taille ſerait donc convertie en dixmes : cette impoſition n'eſt point onéreuſe au contraire chacun deſire en payer d'avantage : c'eſt la moiſſon, qui eſt taxée ; plus la récolte eſt abondante, plus l'on donne de gerbes ; les pauvres & ſurtout les malheureux en donnent moins ; la proportion eſt toujours exactement juſte avec le revenu ; tout ce que le cultivateur amene dans ſa grange eſt pour lui ; il ne s'apperçoit plus de ce qu'il a payé, ou plutôt, c'eſt le champ, qui a payé : les accidens des ſaiſons auraient pu diminuer ſon produit d'autant de bled que la dixme en a enlevé ; ainſi ſon revenu étant toujours très incertain, il ne le compte jamais qu'après l'avoir renfermé. La dixme étant donc prélevée, chacun sait ce qu'il a.

Il faudrait évaluer la taille de chaque paroisse, ou si l'on veut celle de chaque arpent, convertir cette valeur en une dixme proportionnée sur les années de produit & celles de repos, la combiner ensuite sur les bonnes & les mauvaises saisons & enfin la fixer à tant sur dix ou sur vingt. Cette opération si simple étant une fois faite, l'on verrait bientôt renaître la joie, l'agriculture & la population dans tous les villages : l'Etat retirerait l'impôt à l'ordinaire & personne ne s'appercevrait de l'avoir payé. Nous parlerons plus bas de l'exaction.

X. Il y a un autre moyen d'exempter de la taille tous les particuliers : ce serait de l'envisager comme n'étant due par personne, mais devant être payée par le produit annuel des terres. Nous allons faire une application du sentiment de M. Mercier : Celui qui a acheté un bien de quatre cents livres de rente, qui en doit cent d'impôt annuel, ne paie cette terre que sur le pied de trois cents livres de rente. Voilà donc un quart, qui est affecté à l'impôt & qui n'appartient pas au propriétaire, puisqu'il ne l'a pas payé, démembrez donc le quart de ce bien, qu'il soit dévolu à l'Etat, puisque le produit en appartient à l'Etat. Voilà que de vos cent arpens, il en faudra détacher vingt cinq, sur lesquels vous n'aviez aucun droit, & dès ce moment le reste qui vous appartient, se trouve délivré de l'impôt. Je ne crois pas qu'il se trouve quelqu'un dans tout l'Etat qui hésite un seul instant, à céder bien au delà de la cotisation, pour se procurer cette douce tranquillité dans la possession du reste.

XI. Puisque les domaines de la Couronne produisent des revenus, qui appartiennent au Roi; ne pourrait-on pas de même former des domaines à l'Etat? Ceci mérite attention: supposons des fonds quels qu'ils soient, dont la propriété fut à la nation, le produit de ces fonds ne remplacerait-il pas une somme égale d'impôt? Si l'on parvenait à former une quantité de ces fonds, suffisante pour rapporter autant que la totalité des impôts, il ne serait plus question de taxer ni les sujets, ni les terres, ni les marchandises, ni la consommation. La nation jouirait d'une franchise complete, tout y serait libre: l'on n'y entendrait plus parler ni de barrieres, ni de comptoirs, ni d'exaction, ni de douanne, ni de commis, ni de visittes. Tout le monde y courrait.

Il faut observer ici en passant que pour prévenir, ou surprendre les contrebandiers, l'on a introduit dans le plus grand nombre des villes de l'Europe, l'usage le plus révoltant: les étrangers &

même les régnicoles ſont harcelés à toutes les portes par une bande d'harpies, qui ne vivent qu'en tourmentant les autres; ſous le prétexte que vous pouvez frauder les droits, l'on viſite tout ce que vous avez, l'on vous fouille avec une arrogance extrême. Chaque ſujet ſe trouve toujours en état de guerre avec les commis, & ces derniers, avides de contravention, emploient jusqu'à la ruſe pour en ſuppoſer: le citoyen le plus honnête n'eſt pas à l'abri de leurs incurſions, s'armant du nom du Souverain, comme d'un bouclier, ils affrontent avec inſolence les grands & les petits, & en aviliſſant ce nom respectable jusqu'au plus miſérable miniſtère, ils ne craignent que l'honnête. Ne pourrait-on donc pas exercer ce métier ſans impudence? Tout celà eſt un déſagrement dans la ſociété, bien contraire à nos mœurs & très oppoſé à cette tranquile liberté, dont deſirent jouir tous les hommes. Heureux le ſiecle où des ſages miniſtres arracheront ces ronces & ces épines, qui déchirent tous les paſſans; mais lorsque les agrémens de la vie ſe trouvent en compromis avec les revenus de l'Etat, tout eſt au déſavantage des premiers, ſurtout lorsque le peuple & le Souverain ſont deux.

XII. COMME les propriétaires ſont riches en proportion des fonds qu'ils poſſedent, l'on pourrait de même former en fonds, les revenus du Souverain & les étendre jusqu'à ce qu'ils formassent une opulence suffisante à son entretien, à sa gloire & à ses plaisirs : il faudrait donc augmenter ses domaines jusqu'à cette concurence, & dès ce moment il n'y aurait plus d'impôt dans l'Etat pour cet objet. Le Souverain jouirait avec agrément de ses richesses & chacun de ses plaisirs ne serait plus le prix des sueurs de ses sujets, ni une portion arrachée de leurs revenus.

Combien de communes dans chaque pays, qui ne rendent pas la centieme partie, de ce qu'en retirerait un particulier; comme elles apartiennent à tous, elles n'appartiennent à personne, l'Etat trouverait là une ressource immense dans toutes les paroisses, dont la privation ne serait que très peu sensible aux particuliers, tandis que les produits considérables, qui en proviendraient soulageraient la nation d'une grande partie des impôts, & peut-être de tous.

XIII. Comme l'on peut supprimer les impôts de l'agriculture, ou bien en adoucir infiniment le poids & l'exaction par le moyen des dixmes, l'on peut de même, avec tout autant d'assurance pour l'Etat & d'avantages pour les sujets appliquer à toutes autres taxes une exaction en nature. Nous avons vu combien il était naturel, que le commerce, qui gagne tant, devait concourrir aux dépenſes de la nation: les marchandiſes doivent donc payer des droits; mais ſans taxer les négocians, laiſſez l'impôt ſur les marchandiſes même; je veux dire qu'au lieu d'exiger des commerçans, qu'ils acquitent les droits, impoſez ſur leurs marchandiſes, en argent, recevés une portion de la marchandiſe équivalente à ces droits. Combien de facilités le commerce ne retirerait-il pas de cette méthode.

Le négociant, qui eſt obligé de payer en argent comptant les impôts mis ſur ce qu'il importe & ſouvent ſur ce qu'il exporte, donne cet argent, long-tems avant qu'ils en puiſſe retirer de ces mêmes marchandiſes & toujours dans l'incertitude de les vendre; cet argent, qui fait le nerf de tout commerce s'échape donc de ſes mains pour un objet étranger; c'eſt ainſi qu'une partie des fonds de tous les marchands eſt deſtinée pour les droits ſur leſquels il n'y a ni termes, ni arrangemens à prendre; mais s'il était permis de céder une portion de chaque marchandiſe en nature, toutes les ſommes rentrent dans la circulation du commerce, delà ſon étendue, ſon activité & ſa pouiſſance en ſeront bientôt prodigieuſement augmentées.

Il faut obſerver que ſans le paiement de ſes droits, un marchand pourrait faire de très grandes affaires, ſans un ſou d'argent comptant; mais ſon crédit n'eſt pas reçu pour les aſſiſes; & cette conſidération doit être d'un très grand poids. Au reste en permettant de donner la matiere elle même ſuivant le taux de ſon impoſition, l'on ne devrait point en refuſer le prix en argent, ſi les ſpéculations d'un commerçant lui feſaient voir plus d'avantages à conſerver toute la quantité de ſa marchandiſe.

Je dois prévenir ici quelques objections ſur ce que j'ai dit que le commerce augmenterait conſidérablement en étendue, en activité & en puiſſance: c'eſt que j'entends toujours par le commerce, celui qui ſe fait en grand, celui du dehors, & non pas la vente des productions de l'agriculture, ſurtout lorsqu'elles ne ſont pas manufacturées, car c'eſt aſſurément le commerce le plus petit, le plus borné & le plus pauvre de tous. Comme ce n'eſt presque que ce dernier, que M. Merc. a eu en vue, pluſieurs des conſéquences qu'il tire, touchant le commerce en général, pourraient bien avoir lieu avec celui-ci, qui ne merite presque pas le nom de commerce; il n'eſt que le débit d'un ſuperflu, qui ne ſe fait qu'une fois, au lieu que les autres opérations des commerçans répetent les profits ſur la même marchandiſe pluſieurs fois; ils vont d'abord acheter chez l'étranger, ou pour me ſervir des termes de M. Merc., échanger leur or & leur argent contre des marchandiſes; mais ne vous laiſſez pas prendre aux termes, ne vous épouvantez pas de la ſortie de ces eſpeces, elles rentreront bientôt avec uſure: les matiéres reçues en échange ſont apportées chez vous, mais elles n'y ſont que par entrepôt, où ſi elles y font quelque ſéjour, c'eſt pour être manufacturées ou fabriquées, c'eſt pour nourrir & entretenir pluſieurs milliers de familles; ces ouvrages reſſortent enſuite & vont ſe vendre chez l'étranger, ſouvent chez ceux mêmes qui les avaient vendues brutes; ils les paient alors pluſieurs fois: outre la premiere valeur qu'ils rendent, ils paient encore le double transport, la main d'œuvre & le bénéfice des commerçans, qui par ce moyen vont mettre à contribution les pays étrangers, pour payer, nourrir & entretenir vos ouvriers. Appellez, ſi vous voulez, la ſource de toutes ces richeſſes des voituriers, comme le fait M. Merc. que le marchand ſoit, ou ne ſoit pas négociant, que le commerçant ne doive pas être appellé commerçant, il ne s'agit pas des mots, mais des opérations & des bons effets de ces opérations. Au reſte il eſt très injuſte de chercher à avilir par des dénominations arbitraires, ceux qui enrichiſſent la ſociété, qui y font régner l'abondance, la population, la richeſſe & le pouvoir.

XIV. Apre'sent je vais lever les difficultés, qui pourraient paraître faire quelque obſtacle, dans la perception des revenus, tels que je les ai propoſés pour ſuppléer aux impôts. Les domaines & les dixmes ne donnant que du bled, & l'Etat ayant beſoin d'argent, ce produit ſemble d'abord ne pouvoir ſatisfaire aux beſoins preſſans du moment: je prends le bled pour exemple, c'eſt-à-dire que toutes les autres marchandiſes, que nous avons ſubſtituées aux différens impôts, devant auſſi bien que le bled être échangées contre des eſpeces d'or & d'argent, pour entrer dans le tréſor public, ce que nous dirons de l'un, doit s'entendre de tout le reſte. Cet échange bien loin d'être une difficulté, renferme pluſieurs avantages, comme nous l'allons dire.

Mais pourquoi le revenu de l'Etat doit-il être néceſſairement en argent? Lorsqu'une partie ſerait en bled, quel mal en réſulterait-il? ſi la nation eſt obligée de donner la ſolde aux troupes, elle ne l'eſt pas moins de leur donner du pain. Serait-il plus difficile de faire ce pain avec du bled, qu'avec de l'argent? Où l'œconomie peut-elle être plus louable, que lorsqu'elle fait l'intérêt & le bonheur de tout un peuple?

En payant les grains en nature, il y aurait des magazins publics, qui préviendraient les diſettes en laiſſant la libre entrée & ſortie pour tous les bleds. Obſervons en paſſant l'étonnement des Français, qui ſe promettaient tant d'avantages de cette liberté accordée au commerce des grains: après avoir été deſirée & ſollicitée pendant ſi long-tems, elle eſt permiſe enfin, mais elle n'a produit que la diſette & la cherté du pain. Cela eſt même allé dans certaines villes au point d'exciter les plaintes & les murmures de la populace; qui ne voit pas que la choſe devait néceſſairement arriver ainſi? Les particuliers & ſurtout les boulangers, ignorant que l'exportation du bled peut avoir une influence ſi prompte & ſi prochaine ſur les marchés, ont continué d'acheter à la maniere accoutumée, & tandis qu'on changeait le commerce des grains, ils n'ont rien changé dans les moyens de s'en pourvoir; cependant la conſommation étant toujours la même & les marchés n'étant plus fournis comme autrefois, les boulangers n'ont plus ſçu où chercher du bled. Cette négligence des particuliers, je ne veux pas dire de la police, [illegible] fait tout le mal; mais cet effroi paſſager eſt un bien: le peuple ne connaiſſait pas ſes beſoins, il devait apprendre à ſe précautionner contre eux; à preſent qu'il ſait les effets de cette précieuſe liberté il ſaura en prévoir les ſuites. Comme ce n'était pas imprudemment qu'on devait la hazarder une premiere fois, ce n'eſt pas non plus ſans précaution, qu'on doit la continuer. Les magaſins publics, dont nous venons de parler, ſont ici autant néceſſaires, que les magazins particuliers des monopoliſtes ſont pernicieux; c'eſt en s'occupant à remplir les uns & à prévenir les autres, que l'on rendra la vie à l'agriculture. Si les boulangers étaient obligés d'être toujours pourvus pour deux mois, l'on aurait toujours deux mois d'avance à prévoir la diſette, à faire les recherches néceſſaires, à obliger les greniers de s'ouvrir & enfin à recourir aux magazins publics.

XV. Revenons aux denrées ou marchandiſes que l'Etat recevrait, dans les cas que je propoſe: ſuppoſons que les financiers, qui veulent arranger toutes leurs opérations ſur le papier, continuent à ne vouloir que de l'argent, dont l'emploi & la diſtribution leur eſt infiniment plus commode, l'on pourra affermer ou faire régir toutes ces recettes. En les affermant, l'on a un nouveau moyen de former des compagnies, qui, comme nous l'avons dit, ſont toujours des corps ſolides, qui augmentent la ſolidité de l'Etat. Ces fermes pourraient être diviſées en autant de départemens, qu'il y aurait de différens objets, & chacun d'eux encore en autant de provinces, de villes & même de paroiſſes. Chaque village pour-

rait

rait avoir sa compagnie, ce qui repartirait en plus de mains, le bénéfice que doivent nécessairement avoir, ceux qui se chargeraient de payer en argent le prix des denrées qu'on leur affermerait. Les fermiers des dixmes auraient un avantage, dans cet arrangement, sans que le particulier payât plus, ni que l'Etat reçût moins. Je veux dire que ces compagnies ayant une fois assez d'argent pour payer leur bail, elles ne seraient plus obligées de vendre dans les mauvais moments, ainsi que les paysans sont forcés à le faire. Cette seule différence formerait déja un gain honnête.

Ces nouveaux fermiers pourraient devenir riches & très riches, sans qu'ils eussent jamais aucun prétexte de vexer les particuliers, la dixme serait toujours recueillie sur le champ, personne ne pourrait être en retard de paiement; jamais aucuns fraix ne pourraient augmenter la taxe & tout serait dans l'ordre. C'est ainsi que de toute part s'éleveraient de petites sociétés, qui donneraient bientôt une consistence surprenante à la nation. L'on aurait de tous cotés des greniers au besoin, & en facilitant à chaque particulier les moyens de s'intéresser dans ces corps, tout serait en action, l'impôt serait tout pour l'Etat & le bénéfice de l'exaction n'étant plus onéreux à personne, se distribuerait encore en plusieurs mains.

CE grand nombre d'avantages se trouvent encore dans l'application de cette même exaction sur tous les autres droits pris en nature. En France où les fermiers généraux ne sont que financiers, ils ne desirent que de l'argent; mais des fermiers négocians, qui se chargeraient des détails d'entrée & de sortie pour toutes les marchandises, auraient encore un bénéfice sur la vente de chaque objet, au delà de ce que les fermiers financiers perçoivent ordinairement; c'est ainsi que l'Etat recevrait ses mêmes revenus en argent, avec cette différence, qu'il n'aurait ni contraintes, ni fraix à faire pour les retirer; chaque particulier aurait plus de facilités, le commerce deviendrait plus commode, le crédit sans argent pourrait entreprendre les plus grandes affaires, & je ne cesse de le répéter, plusieurs compagnies, qui naîtraient de toute part, produiraient de merveilleux effets, dont la nation serait elle-même étonnée.

XVI. QUOIQUE l'on ne puisse rien concevoir de plus doux, qu'un gouvernement où la puissance tutélaire, c'est-à-dire où le Souverain aurait des domaines suffisans pour lui, & où l'Etat en aurait de même pour tous ses besoins, l'on n'adoptera jamais ce systême, dans tous les pays où des personnes puissantes auront intérêt de laisser subsister les anciens usages. Les peuples seraient exempts de toute espece d'impôt, la nation aurait des richesses positives, qui ne seraient onéreuses à aucun particulier; chaque sujet jouirait de tous les avantages des sujets des autres pays, sans en avoir les charges; une telle constitution serait la plus heureuse possible: n'importe, on ne l'adoptera jamais, partout où l'autorité sera arbitraire.

A considérer le cours ordinaire de toute imposition, le Souverain ne reçoit qu'en ôtant à ses sujets; toutes les richesses du chef sont aux dépends de ses membres, ainsi les revenus de l'Etat sont la somme du malheur de tous les particuliers; je dis malheur, parce que j'envisage l'impôt tel qu'il est & que je l'ai représenté & non pas tel que l'imaginent les financiers. Dès qu'on le payerait en nature, il cesserait à l'instant d'accabler toute la nation en détail; l'on ne pourrait plus vexer personne, chacun ayant la matiere de l'impôt, ne pourrait s'exempter un instant de la livrer; l'Etat n'essuyerait plus de retards, il n'y aurait ni fraix, ni contraintes, ni saisies, tout le monde serait soulagé; mais tel est le sort de toutes les bonnes choses qu'on veut introduire; comme elles heurtent de front l'habitude, en attaquant les anciens abus, elles arrachent des mains des administateurs régnans les bénéfices attachés à la routine. Quand je dis bénéfices, c'est employer un terme bien doux pour exprimer les vexations & les injuſtices.

Dès qu'un bon projet tel que la richeſſe de l'Etat, la dixme royale de M. de Vauban & tant d'autres aura à combattre un ennemi d'un très grand crédit & d'une richeſſe immenſe, comme l'eſt en France le corps des fermiers généraux, il n'eſt pas vraiſſemblable, il n'eſt pas poſſible qu'il emporte jamais la balance; ſa ſimplicité, ſa bonté même parlent contre lui, dans l'esprit de tous ceux qui n'y voient aucun moyen d'en abuſer & de s'enrichir; la vérité ne peut pas disputer contre l'or, parce qu'il faudrait rencontrer un juge qui aimât mieux celle-là que celui-ci, ce qui eſt aſſez difficile: l'on ne trouve perſonne, qui ne préfere ſon propre interêt à celui des autres, à moins d'en excepter quelques bons patriottes, quelques amis zélés de l'humanité, quelques philoſophes en un mot; mais comme il y a très peu de ces philoſophes dans les cours; l'on doit conclure que tout projet, qui ne débute pas par un appas de fortune pour ceux, qui doivent l'examiner, l'approuver & l'admettre, dut-il faire le bonheur du genre humain entier, ne ſera jamis accepté. Suppoſons un moyen, qui augmente d'un coté le revenu public & qui de l'autre ſoulage tous les ſujets, l'on ne pourra l'al'adopter qu'en réformant les anciens usages ; mais si ces anciens usages rapportent des sommes immenses à des traitans, qui par là se trouvent en état de faire des dépenses de prince, ne doit-on pas conclure deux choses ? La premiere, que ces richesses prodigieuses, qui quoique reparties entre tant de financiers, ne laissent pas de les rendre tous les plus riches de la nation, sont une portion très considérable de l'impôt ; voilà donc cette grande partie de l'impôt qui n'entre pas dans le trésor de l'Etat ; par là ces petits Souverains sont puissans aux dépends des taxes, & les impôts sont autant exigés pour eux que pour les finances de la nation. En second lieu, l'on doit conclure que le ministere le plus integre ne pourra être à l'abri de la préponderance de ces financiers, qui emploient tous les moyens imaginables, pour empêcher la destruction de leur souveraineté.

Qu'on se représente le meilleur projet luttant contre les richesses : les premiers commis, les courtisans, les favoris sont gagnés ou séduits, les présens, les récompenses, les promesses occupent toutes les avenues ; ce bon projet ne peut pénétrer, ou si quelque ame honnête parvient à le présenter aux yeux du maitre le mieux intentionné, si même ce souverain, vrai pere de ses sujets, le goute & l'approuve, il ne rencontre personne autour de lui, qui ne ſoit payé pour l'en détourner : tout le monde condamne cette innovation, chacun a vendu ſon ſuffrage, & ce prince eſt étonné qu'une opération ſi avantageuſe, entraine tant de pernicieuſes conſéquences, qu'il ne peut concevoir ; chacun s'occupe à lui en exagérer le danger incertain entre l'utilité, qu'il y apperçoit, & les malheurs, que l'éloquence des autres lui fait ſoupçonner, ſe méfiant de ſes propres lumieres, ſa bonne intention lui fait craindre de ſe tromper, le plus grand nombre, qui a encore pour lui l'habitude, acheve de le déterminer, enfin il abandonne à regret, ce projet qui lui paraiſſait ſi avantageux. Terrible & cruel préjugé dans toutes les ames qui n'ont pas une force ſupérieure pour s'en affranchir ! préjugé ſéducteur, pour tous ceux, que la fatigue des diſcuſſions épouvante & qui ſont effrayés des efforts que toute entrepriſe exige ; mais ces préjugés, ces obſtacles ne doivent point rallentir le zele des amis des hommes. Heureux le philoſophe, qui aura pu pouſſer la vérité juſqu'aux pieds du trône, qui aura eu le courage de la défendre & la douce ſatisfaction de la faire agréer !

Deux mots à Meſſrs. les Journaliſtes.

RIEN n'eſt plus utile, dans la République des Lettres que certains petits tribunaux, qui analyſent tous les livres, qui paraissent: les journalistes épargnent au public la peine de lire les mauvais livres & la dépense de les acheter; aussi longtems que ces examinateurs font leur métier, l'on est instruit de toutes les nouveautés, l'on est même à portée d'en juger; mais lorsqu'ils oublient leurs fonctions & qu'aulieu de l'extrait impartial d'un ouvrage, ils en font la critique ou les éloges, tout est bouleversé; ils doivent, comme les rapporteurs d'un procès, discuter les sentimens d'un auteur; pour mettre le public en état de prononcer, mais souvent ils se font juges eux-mêmes ; dès lors leur ministere devient suspect & par là inutile, car ayant pris parti pour ou contre un systême, tous les ouvrages, relatifs au même objet, seront exaltés ou déprisés dans leurs journaux, suivant leurs passions & le sentiment, qu'ils ont arborés. Je fais ici ces remontrances sur une partialité si contraire à l'essence & à l'esprit d'un journal, parce que j'ai vu par hazard que quelqu'un d'eux s'était si vivement déclaré en faveur de la science nouvelle, qu'il traitait avec une espece de dedain, (*) tous ceux, qui avaient la hardiesse de ne pas penser comme lui. Ce ton me parait si opposé à l'honnêteté litté-

(*) J'ai quelques raisons pour faire ici cette observation.

raire & à la bonne philosophie, que je ne puis m'empêcher de le dénoncer au public.

ATTAQUANT la Science Nouvelle, parce qu'elle me révolte, j'ai par conséquent la hardiesse d'attaquer le sentiment des Journalistes, qui l'ont si hautement adoptée; ainsi en leur supposant le droit de prononcer, ils seraient ici juges & parties; c'est si bien là leur système, que lorsqu'il a paru quelque ouvrage, qui comme celui-ci, a voulu réfuter cet impôt unique, ils se sont bien moins occupés à en faire l'analyse, qu'à chercher des raisons pour le combattre: ce qui est fort singulier; je sais qu'il est permis à tout le monde de critiquer un ouvrage, mais alors ce n'est plus un journal, c'est une critique, ce ne doit pas être un auteur anonime, qui prononce hautement sa sentence, c'est un particulier, qui met son sentiment en opposition à celui d'un autre pour le plus grand éclaircissement du public.

FIN.

www.ingramcontent.com/pod-product-compliance
Ingram Content Group UK Ltd.
Pitfield, Milton Keynes, MK11 3LW, UK
UKHW020549180726
13838UKWH00001B/134